魚　　　王白匈　夷幻松　主编

AI 上神奇动物

第二版

华东师范大学出版社
·上海·

图书在版编目(CIP)数据

AI 上神奇动物/熊友军,王吉庆,黄劲松主编. —2
版. —上海:华东师范大学出版社,2020
(AI 上未来智造者:中小学人工智能精品课)
ISBN 978 - 7 - 5760 - 1021 - 3

Ⅰ.①A… Ⅱ.①熊…②王…③黄… Ⅲ.①人工智
能-小学-教学参考资料 Ⅳ.①G624.583

中国版本图书馆 CIP 数据核字(2020)第 224783 号

AI上未来智造者——中小学人工智能精品课程系列丛书

AI 上神奇动物(第二版)

主　　编　熊友军　王吉庆　黄劲松
责任编辑　孙　婷
项目编辑　王嘉明
责任校对　李琳琳　时东明
装帧设计　卢晓红

出版发行　华东师范大学出版社
社　　址　上海市中山北路 3663 号　邮编 200062
网　　址　www.ecnupress.com.cn
电　　话　021 - 60821666　行政传真 021 - 62572105
客服电话　021 - 62865537　门市(邮购)电话 021 - 62869887
地　　址　上海市中山北路 3663 号华东师范大学校内先锋路口
网　　店　http://hdsdcbs.tmall.com

印 刷 者　上海华顿书刊印刷有限公司
开　　本　787×1092　16 开
印　　张　10.75
字　　数　123 千字
版　　次　2021 年 8 月第 2 版
印　　次　2021 年 8 月第 1 次
书　　号　ISBN 978 - 7 - 5760 - 1021 - 3
定　　价　70.00 元

出 版 人　王　焰

(如发现本版图书有印订质量问题,请寄回本社客服中心调换或电话 021 - 62865537 联系)

编委会

主　编

熊友军　王吉庆　黄劲松

编　委

庞建新　孟鸿伟　樊　磊　陶大程　李　锋　祝　郁　赵　健　赵明国
赵建华　张　俍　邹国兵　汪　琼　刘志刚　刘太如　钟　永　马　萍
王亚花

目录

序

    21世纪已经进入了第二个十年的尾声,人工智能在经历了一段时间的沉寂后再次掀起了席卷全球的风潮,正在成为经济社会发展的下一个引擎,人工智能技术的发展水平也成为衡量一国科技综合实力的重要指标。一时间世界各国均高度重视推进人工智能的研发和教育:2015年以来,美国已发布《国家人工智能发展与研究战略计划》《为人工智能的未来做好准备》和《人工智能、自动化和经济报告》等三份重量级报告;2017年,日本制定了《人工智能的研究开发目标和产业化路线图》;2018年,欧盟委员会向欧洲议会、欧盟理事会、欧洲理事会、欧洲经济与社会委员会及地区委员会提交了题为《欧盟人工智能》的报告,描述了欧盟在国际人工智能竞争中的地位,并制定了欧盟人工智能行动计划。我国也高度重视发展人工智能,2016年G20工商峰会上,习近平主席就曾指出"人工智能……将给人们的生产方式和生活方式带来革命性变化";2017年国务院出台了《新一代人工智能发展规划》,擘画了下一阶段我国人工智能技术和产业的发展路线图,发展人工智能已成为新时代中国的重要战略。

    发展人工智能需要人才,培养人工智能领域的人才需要从娃娃抓起、从中小学生抓起、从教育抓起。具体可以从四方面来看:第一,人工智能的创新发展,需要教育系统不断输送不同学科背景的研发人才和技术人才,涉及人工智能一级学科以及数理统计、脑与认知等相关学科。第二,高等院校和科研院所是全社会开展科技研发和创新的主要引擎,可以为人工智能学科的创新发展提供新理念、新理论、新技术和新模式。第三,人工智能是教育发展的强大推动力量,为"教与学"和教育管理提供智能化、适应性和个性化的资源、工具与技术,推动智能信息技术与教育的创新融合,构建面向智能化时代发展的教育新生态。第四,随着人工智能开始在各个领域应用,实际上也对人的自身发展产生了深刻影响,进而对教育供给提出了新要求,为教育的改革和发展提供了新方向和新路径。

    正如人工智能是复杂的,人工智能领域的人才培养也是千头万绪:"人工智能"

既是"领域"，又是"目标"，实现这一目标，可以有多种途径；而在这个领域，神经科学、认知科学、信息科学、语言学、工程技术乃至哲学、文学、艺术等均有其一席之地，"人工智能"实实在在是个"交叉学科"。但从发展现状来看，信息科学在今天人工智能的发展和应用中起着"基石"的作用，因此从信息技术学科切入中小学生人工智能领域的学习，从而进入其他枝蔓，无疑是一条可行之路。

实际上，早在 2003 年，"人工智能初步"就已作为选修课被列入我国《普通高中信息技术课程标准（实验稿）》，当时教育部审核通过的五套高中信息技术教材都包含了《人工智能初步》选修分册；但由于当时人工智能尚未大行其道，加之课程定位与知识内容上的问题，该课的开课率一直不高。时过境迁，近年来，人工智能早已成为一个绕不开的话题，因此在 2018 年下发的《普通高中信息技术课程标准（2017年版）》大幅修订了人工智能部分的教学内容，并将该部分列入了"新课标"的选择性必修模块。同时，社会各界也开始热烈探讨在义务教育阶段和高等教育阶段开设人工智能课程的方法和途径。而各省教育管理部门也在对"新课标"的内容进行研究，以期逐步建立与之相适应的课程教材教学评价体系、师资培养培训体系和人工智能创新实验室等建设方案，保障人工智能教育的顺利开展和科学发展。

我想，不论在哪个学段开设人工智能课程，我们都应该以立德树人为目标，以核心素养培养为前提，以算法与编程实践为抓手，建立起科学、系统的课程体系。我们应该根据不同学段学生的特点去关注以下几点：一是要从人工智能基础知识的教学入手，了解前沿领域发展情况，进行人工智能启蒙教育；二是要让每个学生学会与智能工具打交道，体验日常生活中的人工智能产品；三是要分学段实施不同层次的编程教学，学习用编程解决实际问题，培养学生的计算思维、创新思维等信息时代的基本素养；四是课程要结合最新的科技发展成果，充分利用现有的大数据、云计算、机器人等资源，打造符合学生特点的课程体系，满足多元化教学需求。

需要指出的是，在目前中小学的整体课程格局中，信息技术课程所占份额毕竟有限，落实到人工智能部分，课时更是捉襟见肘；单纯依靠课标中的内容显然无法使对人工智能有兴趣的学生"吃饱、吃好"。可喜的是，众多社会力量加入到了"添砖加瓦"和"拾遗补缺"的行列中来。教育界要充分认识到人工智能作为教育改革的创新工具和教育教学的知识内容的双重属性，拓宽思路，大胆革新，整合政府、学校、家庭、企业、民间机构等，多方参与、广泛协同，构建新时代的人工智能教育。

新一轮的人工智能教育在我国才刚刚起步,需要发挥各方面力量来共同推进,应该通过政、校、企的合作,整合优质资源,将国家对于人工智能教育发展的目标落到实处。"众人拾柴火焰高",相信在全社会的共同努力下,人工智能教育的"种子"将在中国大地发芽壮大。

任友群

2018 年 8 月于丽娃河畔

(作者为华东师范大学教授,教育部人工智能科技创新专家组咨询专家)

主题一 走近神奇动物

大自然中,生活着种类繁多的动物。为了适应它们所在的环境,动物们进化出了独特的形态特征,拥有了很多神奇的本领。让我们一起走近它们,共同探索吧!

一、奇妙世界

在长期的进化中,为了吃到更高处的树叶,长颈鹿的脖子越来越长;为了能在夜间捕食猎物,猫的眼睛变得在黑夜里也能看清物体;为了在水中生存,原本在陆地上生存、长有四肢的鲸鱼,它的前肢变得像鳍,后肢退化,变得越来越像鱼。

说一说,你都知道哪些动物呢?

图 1.1　长颈鹿

图 1.2 花猫

图 1.3 鲸鱼

地球已经诞生约 46 亿年了，是人类和动物的共同家园。在漫长的时光中，由于地球环境不断变化，动物们只有持续地进化，适应环境，才能在地球上生存和繁衍。众所周知，动物是人类的朋友，我们相互依存，相互影响。保护动物，也就是保护我们人类自己。

二、优学 U 乐

很多小朋友都特别喜欢动物，有的小朋友还会用各种各样的材料制作动物模型。在"AI 上神奇动物"这门课里，我们将学习用 uKit 积木套件来搭建动物模型。在 uKit 套件里，除了有能表示"小动物"肢体的各种积木零件以外，它还有两个非常特别的东西：一个是控制器，还有一个是像动物关节一样的舵机。小朋友们，下面我们一起先来认识一下这两种重要的零件吧！

（一）控制器

控制器是 uKit 积木的"大脑"，能控制舵机、蓝牙音箱等电子元件。如图 1.4 所示。

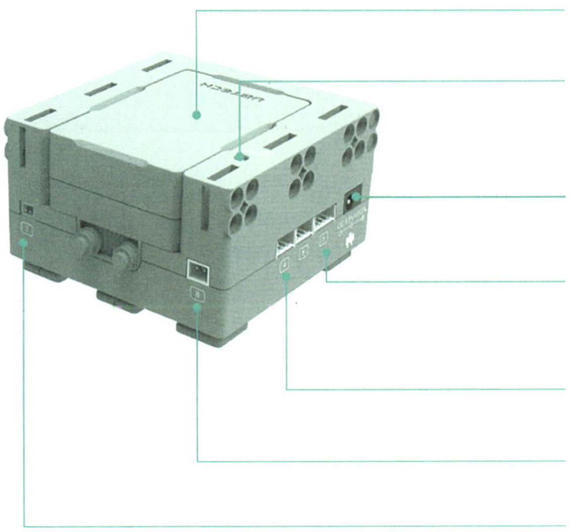

电池
（出厂时已经组装好）

电源指示灯：
红灯=充电中
绿灯=充满电
绿灯闪烁=工作中

充电端口：
用于为控制器充电

4 Pin端口：
用于连接4 Pin传感器
4 Pin端口不能连接舵机！

3 Pin端口：
用于连接3 Pin舵机或传感器

预留拓展端口

电源开关端口：
用于连接电源开关

图 1.4　控制器

（二）模型的"关节"——舵机

舵机的作用是接受控制器的指令，执行动作。在模型中，每个舵机都可成为一个活动的关节。使用前，舵机要先恢复为初始状态。如图 1.5 所示，"△□☆○"分别表示不同的拼接方向，当"△"对准刻度线时，转动舵盘的角度为 0，即为初始状态。

当"△"对准刻度线时，舵盘的角度为0。

顺时针360°旋转

逆时针360°旋转

图 1.5　舵机

3

三、造物工厂

uKit 套装里,除了控制器和舵机两个最重要的零件外,还包括扣件、装饰件、连接件和数据线等零件,让我们认识一下它们吧!

(一) 物料吧

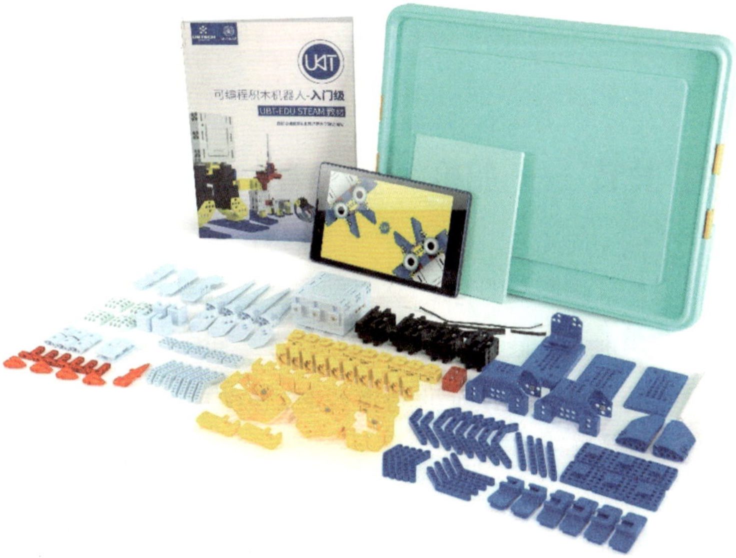

图 1.6　uKit 积木套件

(二) 搭建吧

请你尽情想象、大胆创造,将自己心中奇妙的想法,通过 uKit 积木套件中的零件去实现吧!

"咔哒",积木连接成功。

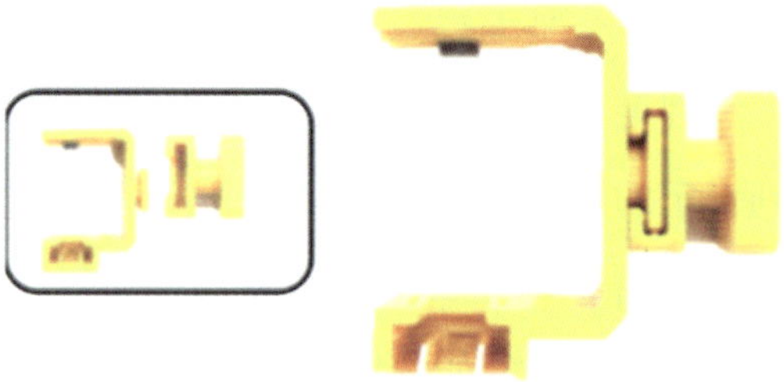

图 1.7　搭建效果图

（三）编程吧

动物模型搭建好后,想听它讲故事吗? 想欣赏它跳舞吗? 想看它发光的眼睛吗? 编写程序就能实现这些想法!

打开"uKit EDU"App,点击"我的项目",然后就可以编程了。

图 1.8　"uKit EDU"App 首页

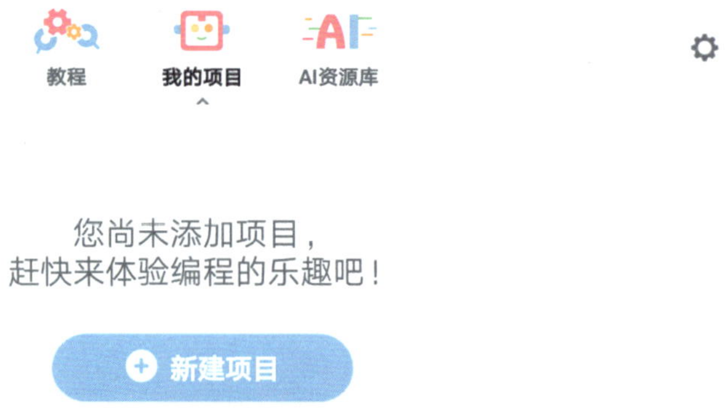

图 1.9　"我的项目"主界面

但是什么是编程？

编程可以被理解为人们以计算机能够理解的形式给计算机输入指令，计算机接到指定的命令之后，一步步去执行。

在我们 uKit 世界里需要使用编程软件 uKit EDU 来连接控制器编写程序。那么究竟如何连接？如何编程呢？这个在之后的课程中会学习到。

四、不同"视"界

（一）知识拓展

仿 生 机 器 人

仿生机器人就是模拟自然界中生物的外部形状或某些机能的机器人，在功能上、结构上进行仿生。它是当前机器人研究的主要方向之一。现在有很多仿生机器人的研究成果，德国研制的蜻蜓机器人能够在空中任意方向振颤翅膀、盘旋，还可通过手机控制，并将其发送至难以抵达的区域；瑞士研发的仿真机器鱼能够识别、模仿鱼的行为，和鱼群相融合，从而影响鱼群的行为；中国研发的仿生壁虎机器人能够代替人进入危险、狭小的空间，完成拍摄、探测等任务。

（二）实践创新

请你思考如何优化模型的外观并将优化好的模型画出来。

主题二

谁的大嘴巴

对于很多动物来说，嘴巴是最重要的器官，有的很小，有的很大。哪些动物有大嘴巴呢？想一想，跟你的同学讨论下吧！

一、奇妙世界

嘴巴是靠骨骼和肌肉实现张开和闭合的动作。

构成口腔上下部的骨骼和肌肉组织，上部叫上颌，下部叫下颌。而在动物咬东西时，下颌骨起到了极具重要的作用。

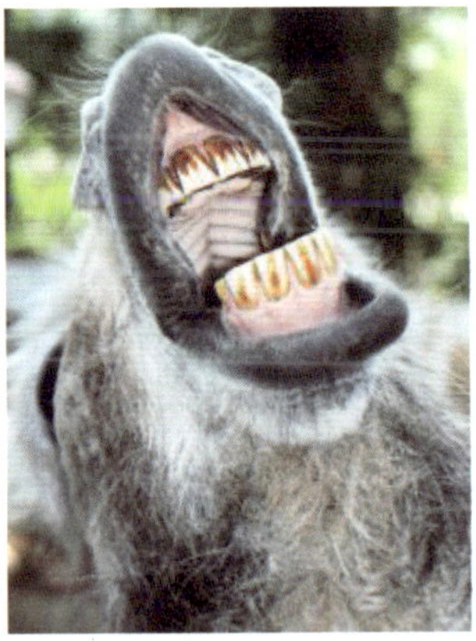

图 2.1　驴的大嘴巴

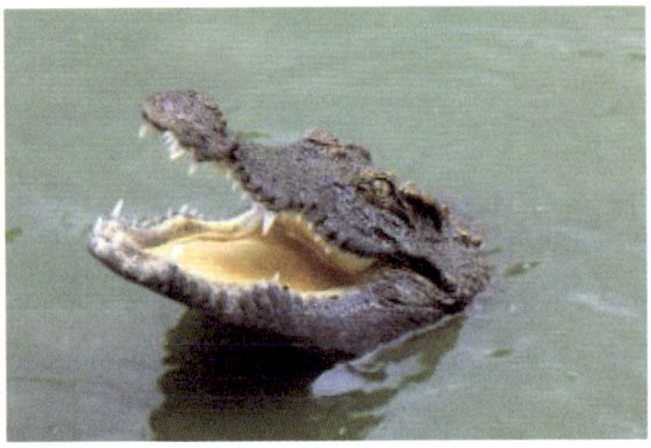

图 2.2　鳄鱼的大嘴巴

图 2.3　河马的大嘴巴

图 2.4　鲨鱼的大嘴巴

二、优学 U 乐

uKit 积木套件中有一个零件可以让"大嘴巴"实现张开和闭合，它叫做"舵机"。

如果要模拟嘴巴的运动，我们应该怎么做呢？

（一）舵机

材料中有四个舵机，编号分别是：ID－01、ID－02、ID－03 和 ID－04。

本节课需要使用 ID－01 舵机，接下来先认识一下它吧！

舵盘
舵盘可以左右转动，在角模式下的转动范围：－118°—118°
上面有"△、〇、☆、□"4种图形

刻度线
舵盘上的△对准刻度线，即为初始状态

编号
motor ID-01
编号用来区别不同的舵机

图 2.5　ID－01 舵机正面

凹槽 舵机上有5个凹槽，用A、B、C、D、E区分不同的凹槽

接口 舵机上有2个端口，用于连接3Pin线材

3Pin线材 3Pin线材的接头处有3个针孔

图 2.6 ID-01 舵机连线

（二）舵机的使用方法

舵机可以连接到控制器的 1—5 号口中的任意一个端口。

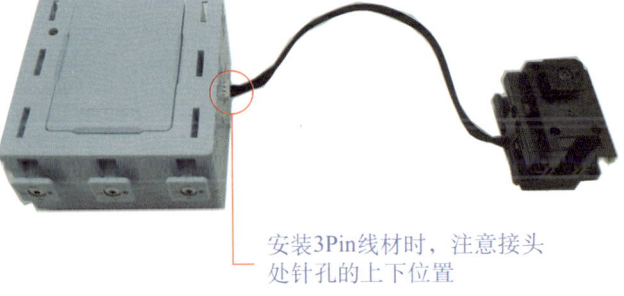

安装3Pin线材时，注意接头处针孔的上下位置

图 2.7 舵机连接控制器

三、造物工厂

大嘴巴模型一共由三部分组成，分别是头部、身体和尾巴。如图 2.8 所示。

序号	材料名称	数量
1	控制器	1
2	开关	1
3	舵机	1

材料清单

（一）物料包

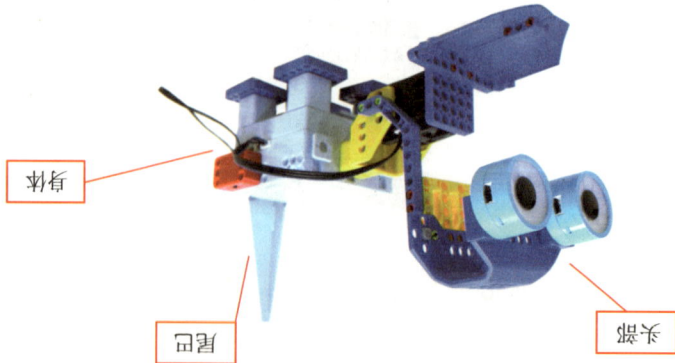

图 2.8 大嘴巴模型结构图

清单

序号	材料名称	数量
4	眼灯	2
5	160 mm 3Pin 线材	1
6	80 mm 3Pin 线材	1
7	开关连接线	1
8	绿色弯销	8
9	红色销	12
10	连接块(黄)	2

序号	材料名称	数量
11	左扇形面板(大)	1
12	右扇形面板(大)	1
13	三角弧形面板(右)	1
14	三角弧形面板(左)	1
15	双头舵机夹	1
16	2倍连接块(浅蓝)	4

序号	材料名称	数量
17	45°舵机夹(右) 	1
18	3×3带孔连接块 	1
19	5×5带孔连接块 	5
20	转向块(黄) 	2
21	3×7双角梁(蓝) 	1
22	矩形框 	1

（二）搭建吧

1. 搭建头部

搭建步骤参考《搭建手册》。

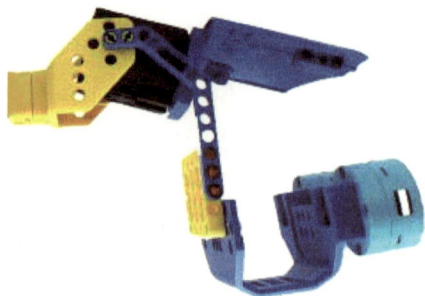

图 2.9　头部

2. 搭建身体

图 2.10　身体

3. 搭建尾巴

图 2.11　尾巴

4. 整体拼装和连线

图 2.12　整体拼装

图 2.13　连线

（三）编程吧

1. 了解"旋转舵机"代码块

第一步：平板电脑连接控制器，进入编程界面，如图 2.14、图 2.15 所示。

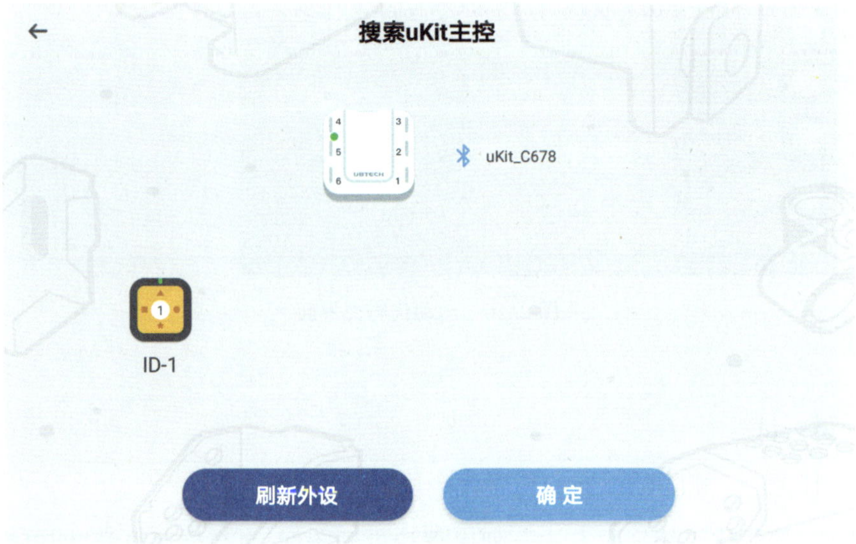

图 2.14　连接控制器

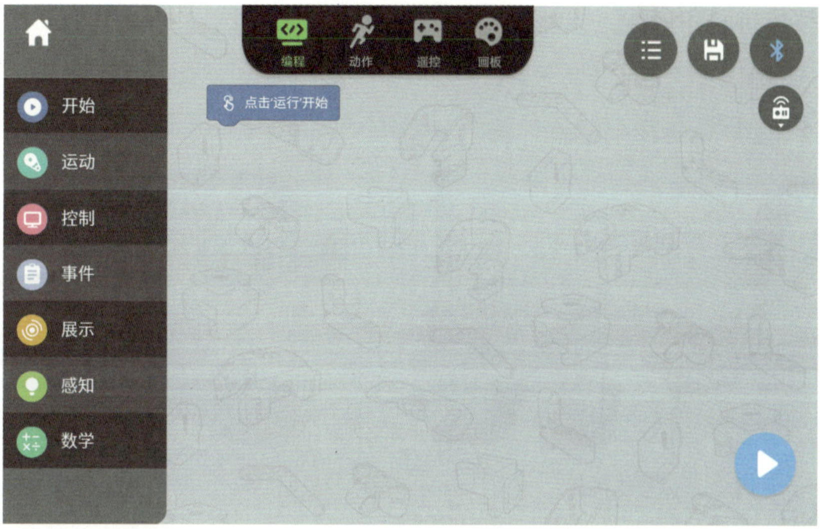

图 2.15　编程界面

第二步：选择运动代码类中的"旋转舵机"代码块。

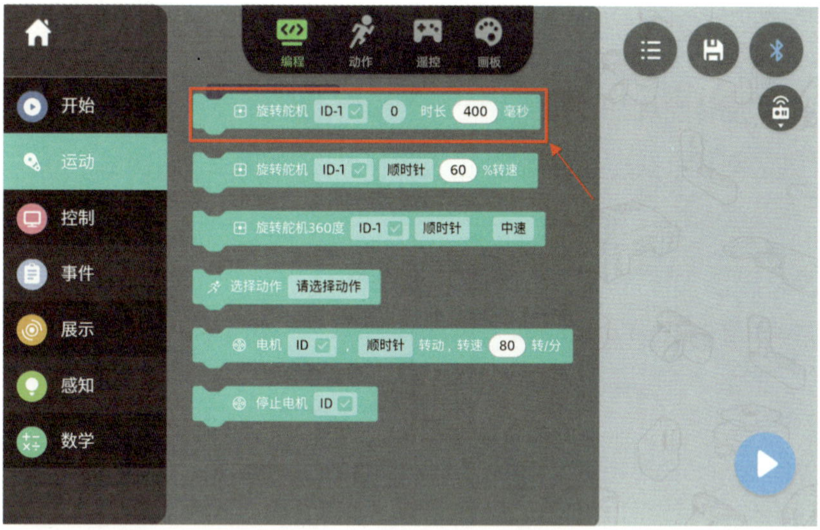

图 2.16　运动代码类界面

2. 试一试

（1）任务一：删除已添加的程序代码块。

提示：按住代码块拖至左边一列出现垃圾桶图标，直至桶盖打开，即可松手。

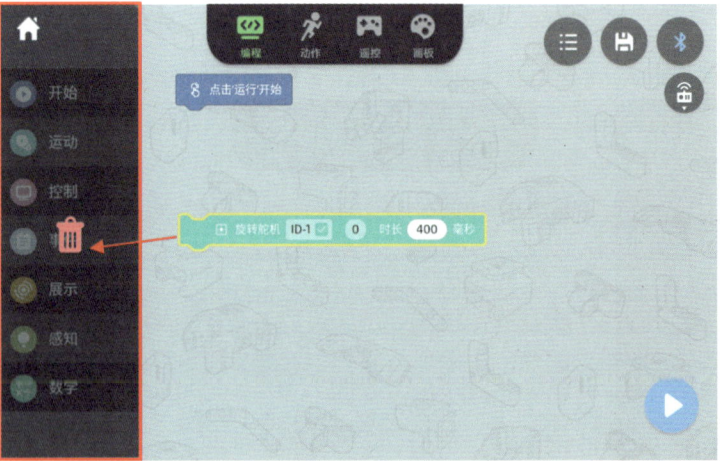

图 2.17 删除程序代码块示意图

（2）任务二：闭合大嘴巴。

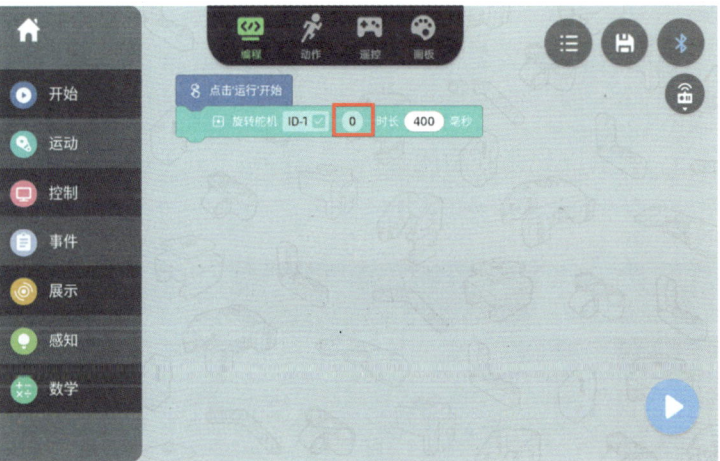

图 2.18 点击设置舵机角度值

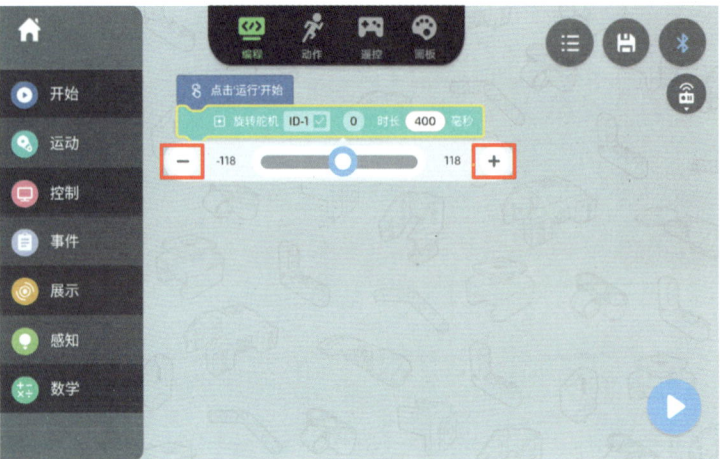

图 2.19 调整舵机角度值

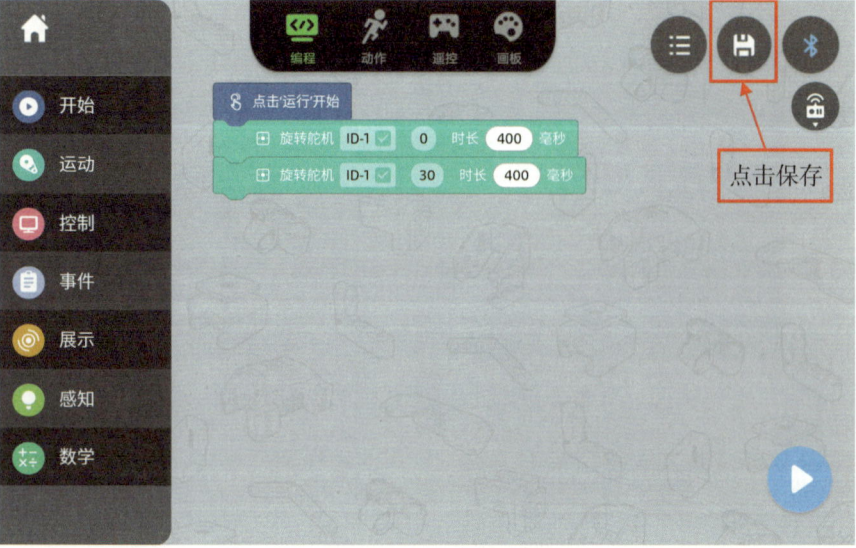

图 2.20　任务二参考程序

（3）任务三：大嘴巴先张开后闭合。

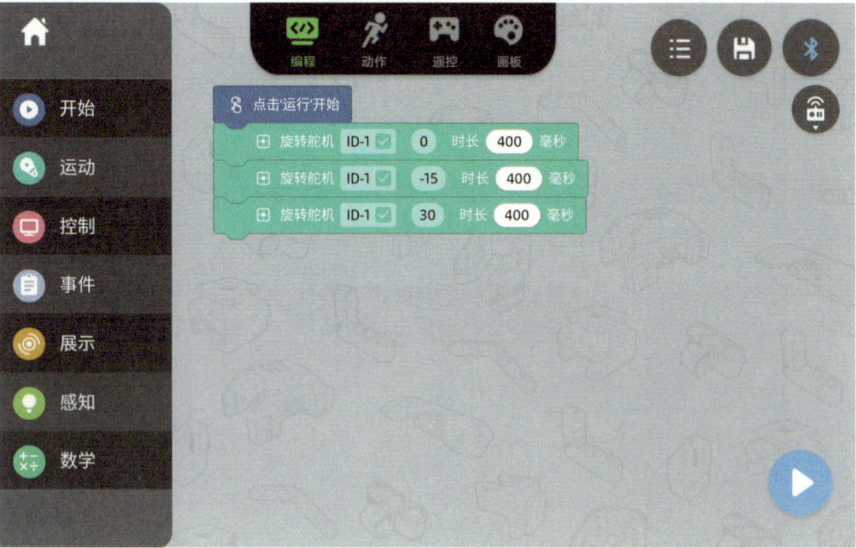

图 2.21　任务三参考程序

（4）任务四：大嘴巴张开后再慢慢闭合。

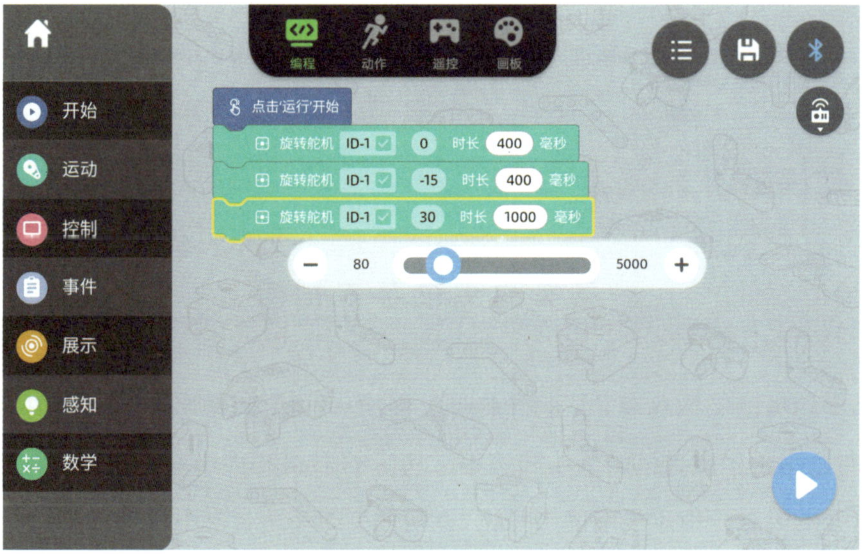

图 2.22 设置舵机时间参数

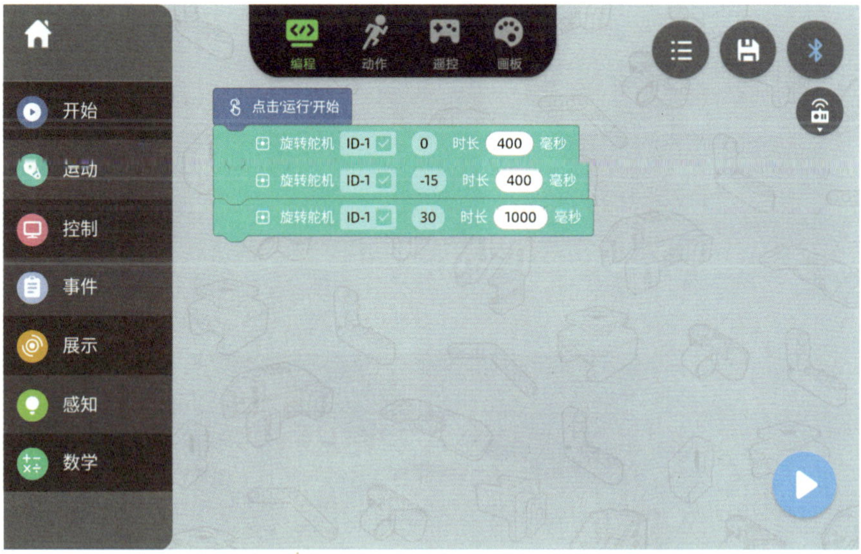

图 2.23 任务四参考程序

四、不同"视"界

（一）知识拓展

鸟类的嘴巴各不相同

鸟类的嘴巴又称鸟喙，主要用来获取食物——捕食、撕咬以及从水中过滤食物，有时也用于攀登、修饰、争斗和筑巢。鸟喙的形状和大小与鸟的捕食习惯有着密不可分的关系。由于鸟喙的多样化，不同种类的鸟适合吃不同的食物，这样它们就能在同一个地域中共同生活。

图 2.24　鸟喙 1

图 2.25　鸟喙 2

图 2.26　鸟喙 3

（二）实践创新

请你思考如何优化模型的外观并将优化好的模型画出来。

主题三 猫的眼睛

猫是我们生活中常见的动物，它聪明伶俐，惹人喜爱。不同品种的猫的眼睛颜色不尽相同，一般有黄色、蓝色、绿色等，而且猫的眼睛具有非常“特别”的功能。想知道是什么功能吗？让我们一起探索奇妙世界吧！

一、奇妙世界

猫在黑夜中能看见东西吗？

猫的眼睛比较特殊，无论白天还是黑夜，都能看清物体。当周围光线强时，为了保护视网膜免受强光伤害，猫的瞳孔会收缩成一条竖线；当光线弱时，为了使更多光线进入眼球，猫的瞳孔就会扩张为圆形。

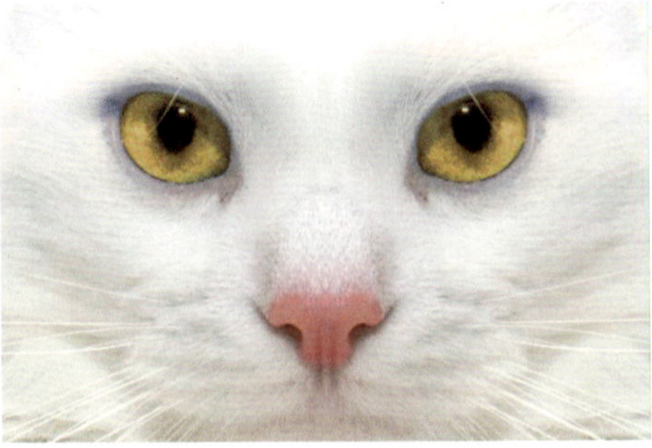

图 3.1　黄色眼睛

图 3.2　蓝色眼睛

图 3.3　绿色眼睛

二、优学 U 乐

在 uKit 积木套件里，有这样一个零件，它不仅可以模仿不同颜色的猫眼睛，而且还可以发出不同颜色的光，它叫做"眼灯"。

（一）眼灯的特征

材料中有两个眼灯，编号分别是：ID－01 和 ID－02，有八种颜色可以变换。

图 3.4　眼灯正面

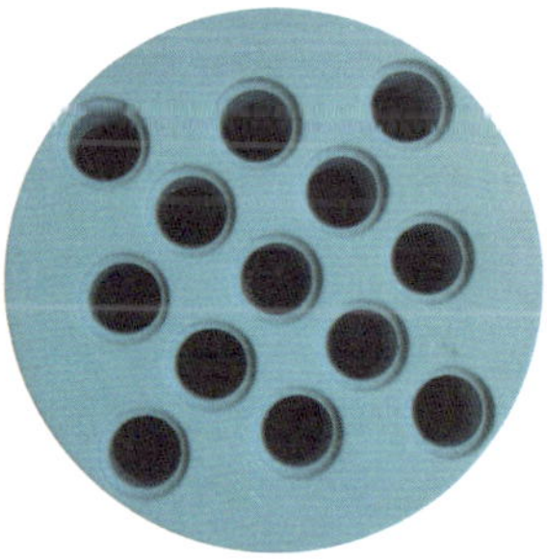

图 3.5　眼灯背面

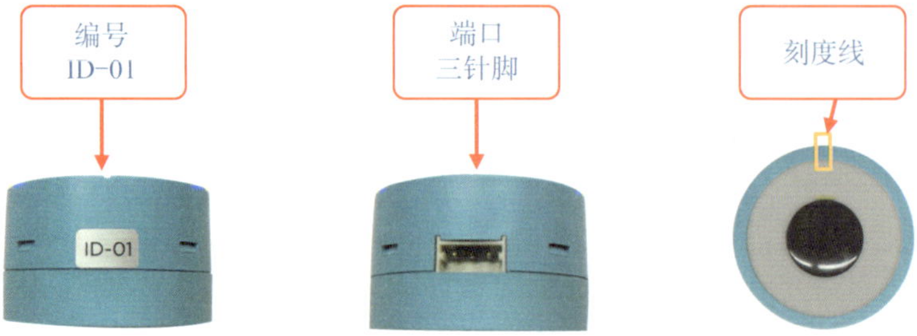

编号
ID-01

端口
三针脚

刻度线

图 3.6　眼灯外观

（二）眼灯的连接方式

眼灯作为猫眼有两种不同的连接方式：一种是两个眼灯分别连在控制器上，如图 3.7 所示；另一种是先将两个眼灯连接起来，再将其中一个连在控制器上，如图 3.8 所示。

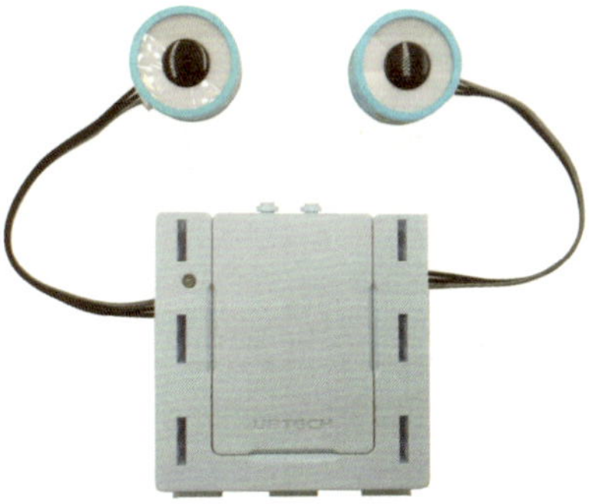

图 3.7　眼灯分别连在控制器上 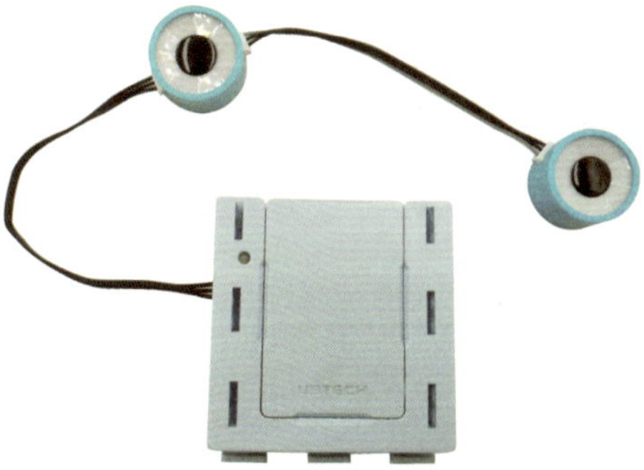　　　　　　　图 3.8　眼灯串联

三、造物工厂

小猫模型共有四大部分：头部（耳朵、眼睛）、躯干、四肢、尾巴，如图 3.9 所示。搭建小猫模型需要用到哪些材料呢？

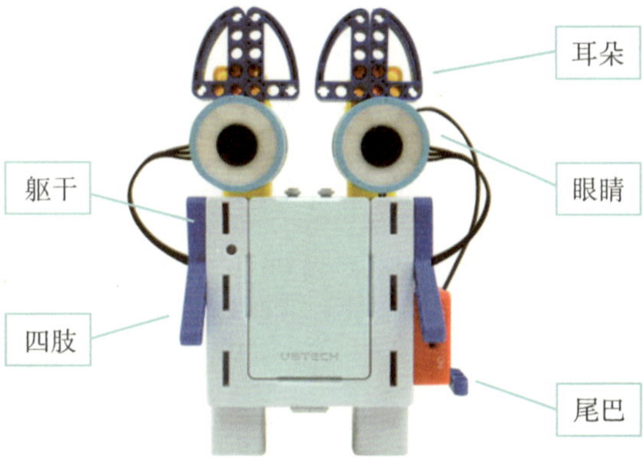

图 3.9　结构图

（一）物料吧

材料清单

序号	材料名称	数量
1	控制器 	1
2	开关 	1
3	眼灯 	2
4	2倍连接块（浅蓝） 	2
5	120 mm 3Pin 线材 	2

序号	材料名称	数量
6	开关连接线	1
7	红色销	14
8	转向块(黄)	6
9	连接块(黄)	6
10	2×2双向梁	1
11	3×3带孔连接块	3
12	4×4角梁(蓝)	2

序号	材料名称	数量
13	3×7 双角梁(蓝) 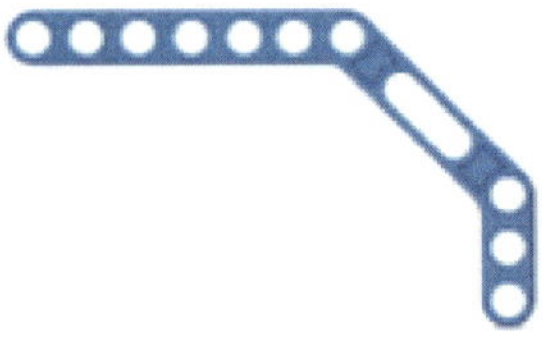	1
14	3×5 弧形梁(蓝) 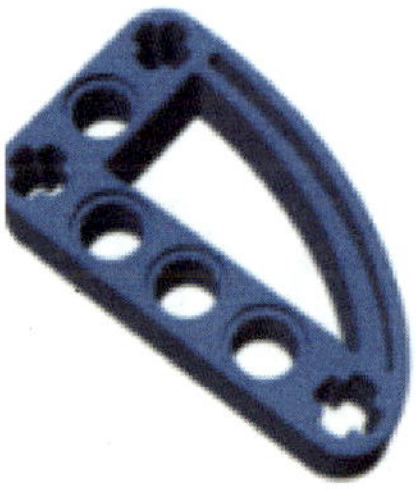	4

（二）搭建吧

搭建步骤参看《搭建手册》。

1. 搭建耳朵和眼睛

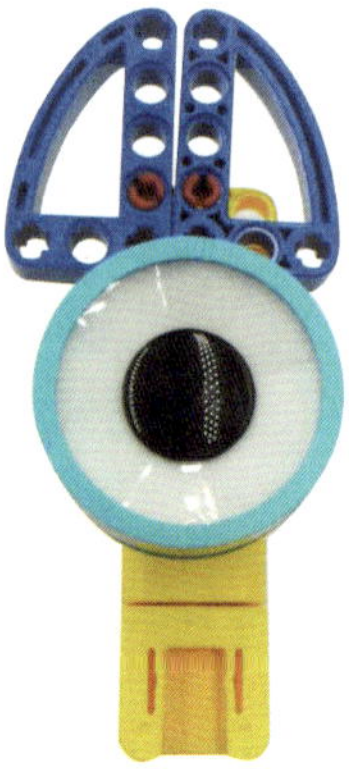

图 3.10　耳朵和眼睛正面 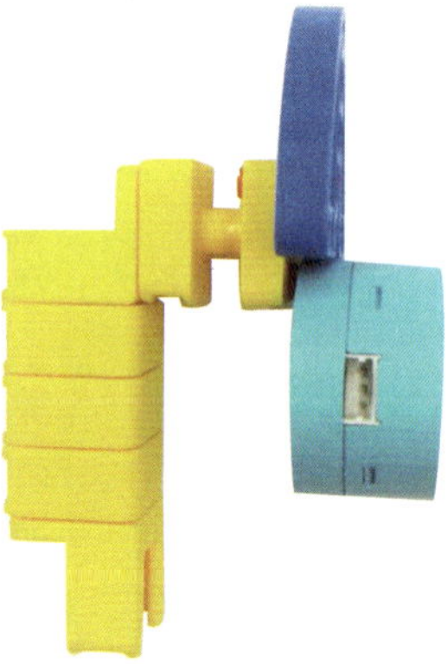　　　图 3.11　耳朵和眼睛侧面

2. 搭建躯干和四肢

图 3.12　躯干和四肢完成图

3. 搭建眼睛、耳朵与躯干组合

图 3.13　眼睛、耳朵和躯干组合图

4. 搭建尾巴

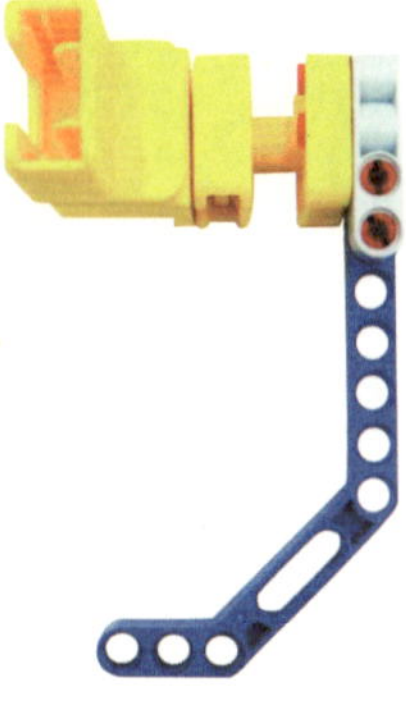

图 3.14　尾巴完成图

5. 整体拼装和连线

图 3.15 搭建完成图

（三）编程吧

小朋友，你的小猫模型搭建完成了吗？接下来，我们通过编程让"小猫"的眼睛亮起来吧！

1. 了解程序代码块

平板电脑连接控制器，进入编程界面，如图 3.16、图 3.17 所示。

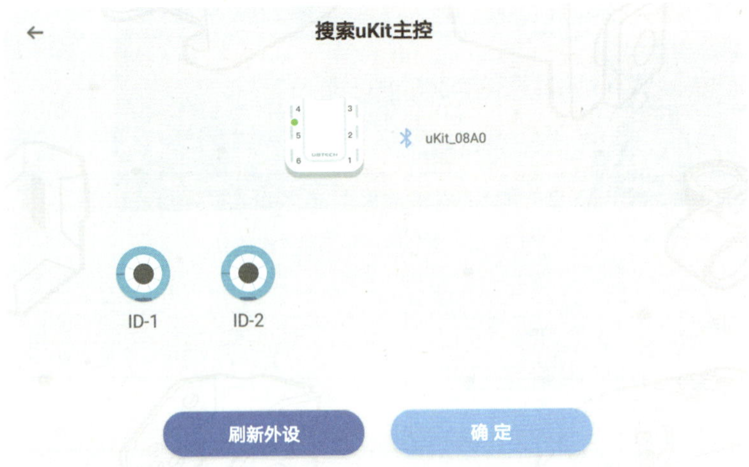

图 3.16 连接控制器

图 3.17　编程界面

2. 认识"完整显示灯光"代码块

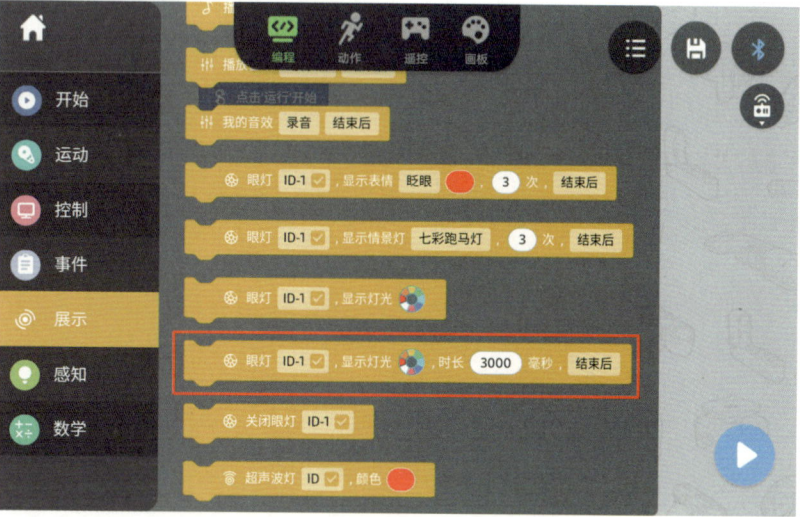

图 3.18　"完整显示灯光"代码块

3. 试一试

（1）任务一："小猫"眼睛亮起来。

提示：使用"完整显示灯光"代码块。

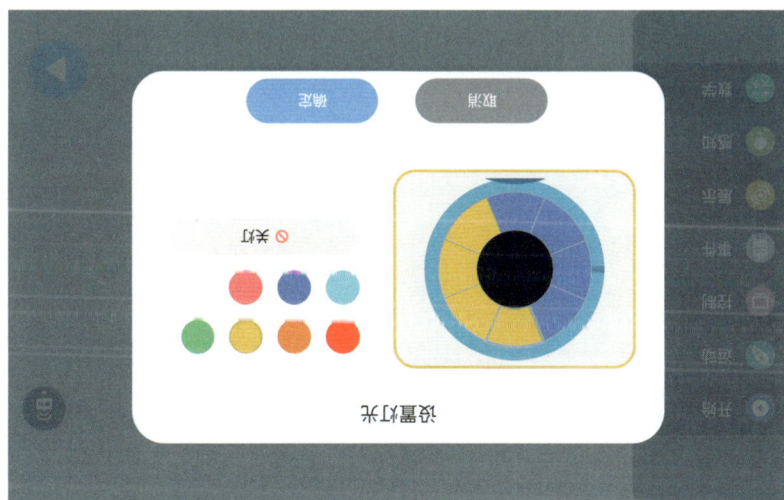

图 3.19 任务一参考程序

（2）任务二："小猴"眼睛发含紫色。
提示：同时给两个眼灯调颜色。

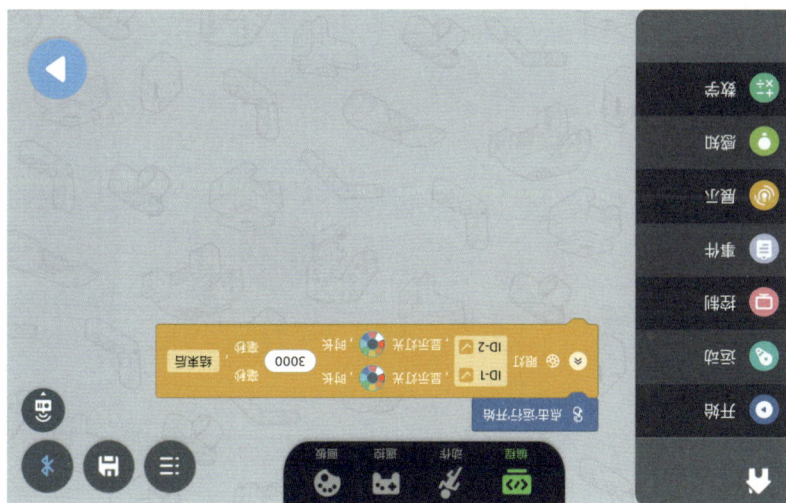

图 3.20 任务二参考程序

（3）任务三："小猴"双眼不一样。
提示：分别给两个眼灯调颜色，让"小猴"的两个眼睛发出不同颜色的光。

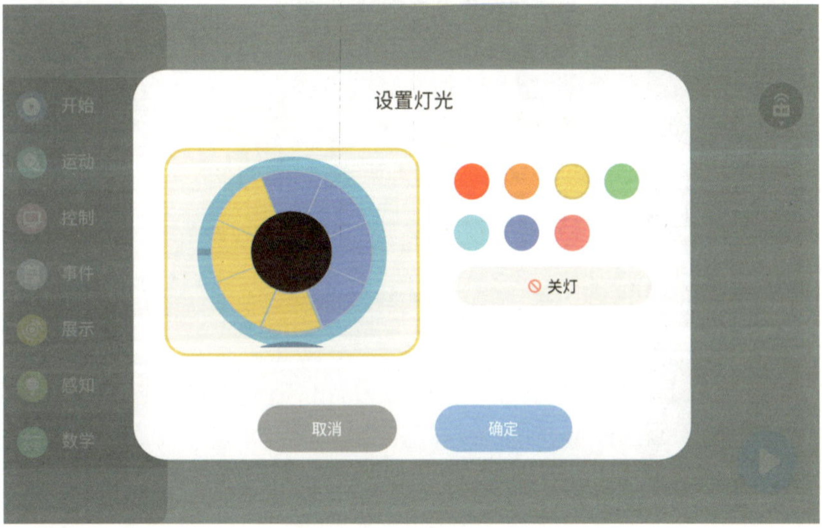

图 3.21　任务三参考效果

（4）任务四:"小猫"眼睛亮 9 秒。

提示:设置时长参数。

图 3.22　任务四参考程序

四、不同"视"界

（一）知识拓展

猫眼怎样看世界

猫眼具有超强的夜视能力，能够在昏暗的环境里看清物体，它的视网膜上有大量的视杆细胞，能感受弱光。猫和人一样，视网膜上的视细胞主要有两种：感受色彩的视锥细胞，及感受弱光的视杆细胞。对比来说，人眼视杆、视锥细胞的比例是4∶1，所以人类在白天可以看清五彩缤纷的世界，夜间视力骤降；而猫的视杆、视锥细胞的比例是25∶1，猫眼牺牲了色彩感，换取了强大的夜视能力。因此微弱的光亮就足够它们觅取猎物。

图3.23　黑夜中的猫眼

图3.24　猫眼瞳孔

（二）实践创新

请你为"小猫"的眼睛设计出更加独特的配色，并用彩笔画出来。

主题四

活动课——奇特的朋友：猫头鹰

小朋友，有一种长得像猫、有翅膀可以飞的鸟，你们知道是什么吗？

一、认知扩展

猫头鹰的脸庞、眼睛和猫比较相像；猫头鹰的嘴巴、翅膀和老鹰比较相像。

图 4.1　猫头鹰

除了猫、老鹰以外，猫头鹰还和哪些动物相似？

图 4.2　猫

图 4.3　老鹰

二、知识链接

猫头鹰的眼睛和脸圆圆的，嘴巴尖尖的，有锋利的爪。

图 4.4　猫头鹰

猫头鹰属于夜间出来活动的鸟类，食物多以田鼠为主，也吃昆虫、小鸟、蜥蜴、鱼等。它被称为"田园卫士"，是人类的好朋友。

图 4.5　猫头鹰捕捉田鼠

（一）自然界的伪装高手

猫头鹰是自然界的伪装高手，它是通过伪装来保护自己的。在图 4.6 中，你发现了几只猫头鹰？

图 4.6　猫头鹰会伪装

（二）猫头鹰是色盲

猫头鹰的眼睛圆圆、大大的，夜视能力很强，但是它看不到五颜六色的世界，是鸟类中难得一见的色盲（色盲指不能正确区分自然界中的各种颜色），并且它的眼睛是不可以转动的。

图 4.7　猫头鹰

三、创意设计

主题活动：画出你喜欢的猫头鹰吧！

图 4.8　猫头鹰简笔画

主题五

会说话的大象(1)

目前，大象是陆地上最大的动物，它们不仅身形庞大，而且非常聪明。你知道它们都有哪些特征吗？让我们一起来了解一下吧！

一、奇妙世界

大象是以雌象为首领的群居性动物。雌象决定象群每天活动的时间、行动路线、觅食地点、栖息场所等。

大象有大大的耳朵，长长的鼻子。它们的鼻子可以将物品卷起来，是自卫和取食的有力工具。大象的鼻子不仅能卷曲，还能发出声音。

你知道大象的鼻子有哪些作用吗？

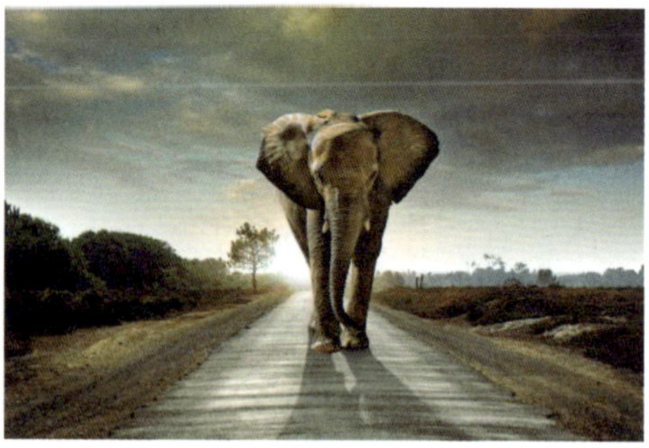

图 5.1　威风凛凛的大象

二、优学U乐

（一）蓝牙音箱的特征与作用

要实现“大象”鼻子的上下摆动，需要用到舵机。要让“大象”模型发出声音，需要什么材料呢？

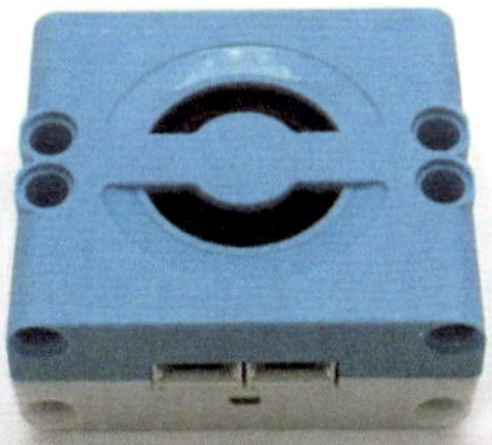

图 5.2　蓝牙音箱正面

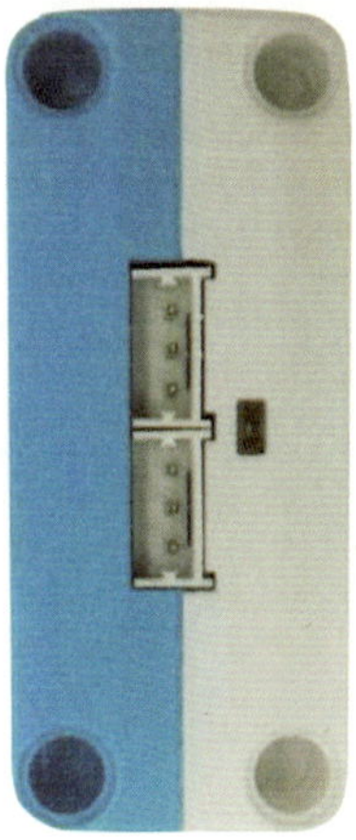

图 5.3　蓝牙音箱的两个端口

能让“大象”发出声音的是蓝牙音箱，它的外形是由蓝色和白色组成的长方体。它的作用是通过蓝牙与手机、平板电脑等播放设备连接，从而播放声音。

（二）硬件的连接方式

硬件的连接顺序为：控制器—蓝牙音箱—舵机，控制器—开关。

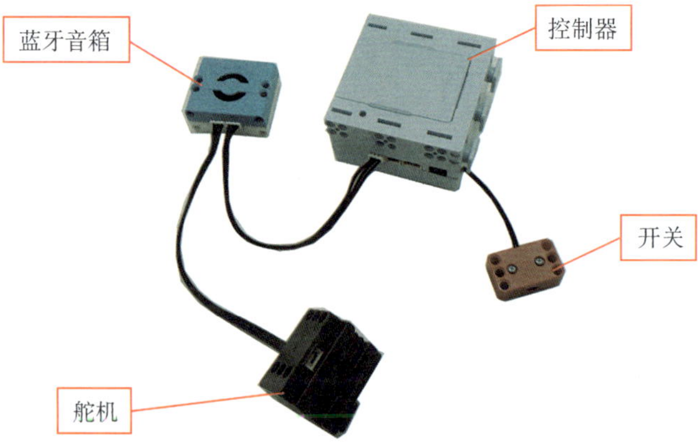

图 5.4 硬件连接方式

蓝牙音箱
控制器
开关
舵机

三、造物工厂

大象模型共有三大部分：鼻子、身体、尾巴，如图 5.5 所示。搭建大象模型需要用到哪些材料呢？

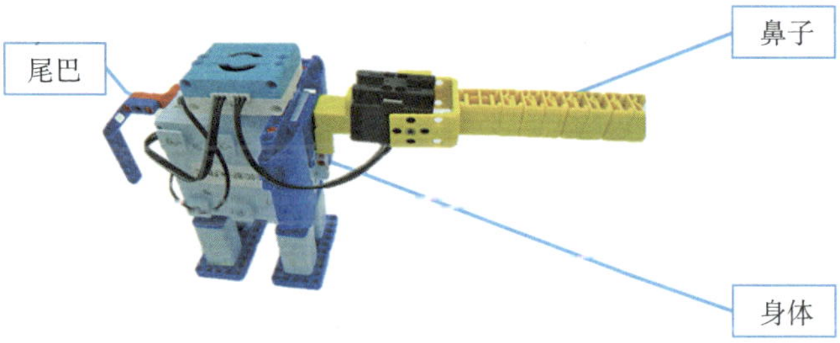

尾巴
鼻子
身体

图 5.5 结构分析图

（一）物料吧

材料清单

序号	材料名称	数量
1	控制器 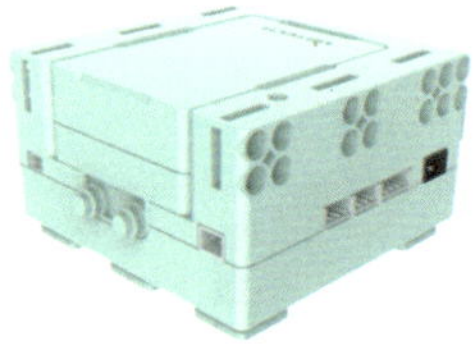 	1

序号	材料名称	数量
2	开关	1
3	舵机	1
4	蓝牙音箱	1
5	120 mm 3Pin 线材	2
6	开关连接线	1
7	红色销	20
8	2×3双向直角梁	1

序号	材料名称	数量
9	3×7双角梁(蓝)	1
10	连接块(黄)	7
11	转向块(黄)	2
12	2倍连接块(黄)	1
13	2倍连接块(浅蓝)	8
14	方形舵机夹	1

序号	材料名称	数量
15	凸起对称延伸块	2
16	右扇形面板(大)	1
17	左扇形面板(大)	1
18	5×5带孔连接块	5
19	工形块(浅蓝)	4
20	2×2双向梁	1

（二）搭建吧

搭建步骤参看《搭建手册》。

1. 搭建鼻子

图 5.6　鼻子完成图

2. 搭建身体

图 5.7　身体完成图

3. 搭建尾巴

图 5.8　尾巴完成图

4. 整体拼装和连线

图 5.9　成果展示图

（三）编程吧

小朋友，大象模型已经搭建完成，接下来我们通过编程让大象模型动起来吧！

1. 编程准备

平板电脑连接控制器，进入编程界面，如图 5.10、图 5.11 所示。

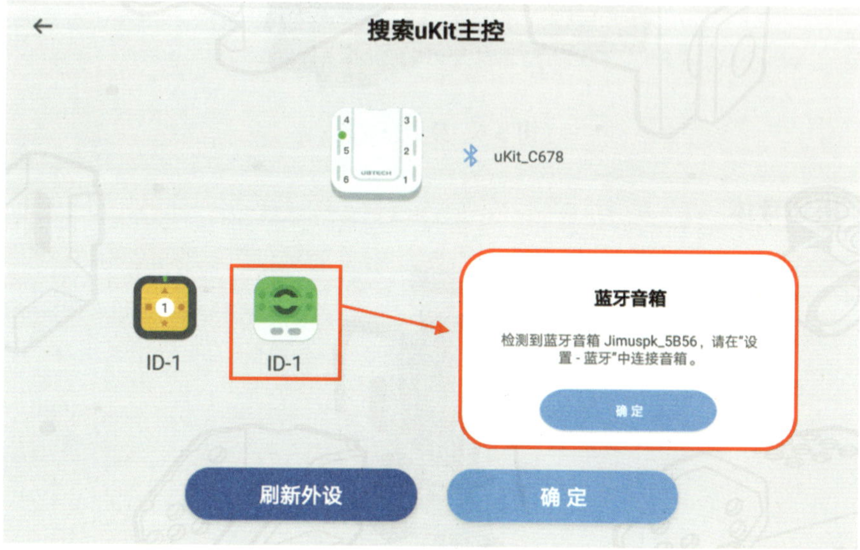

图 5.10　连接控制器

图 5.11　进入编程界面

2. 试一试

（1）任务一：请让"大象"的鼻子上下摆动一次。

提示：设置角度时，请注意角度的大小和方向。

图 5.12 任务一参考程序

（2）任务二：请让"大象"的鼻子在摆动的过程中停顿一会。

提示：这里要求"大象"执行一个动作之后，休息一段时间，再执行下个动作。建议使用"等待时间"代码块来设置"大象"休息的时间。

图 5.13 任务二参考程序

图 5.14 "等待时间"代码块

(3) 任务三：请让"大象"发出象鸣。

提示：连接蓝牙音箱后，在程序界面设置。

图 5.15 任务三参考程序

（4）任务四：请让"大象"学我说话。

提示：选择"我的音效"代码块，然后依次点击"录音"，"开始录音"。注意录音时长只有 15 秒哦！录音结束后，可以点击"播放键"回听。

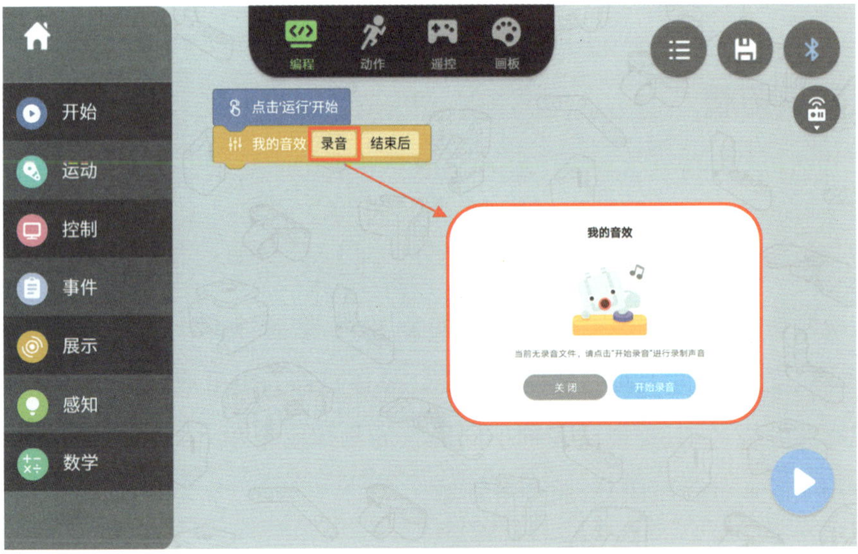

图 5.16　录制声音参考程序

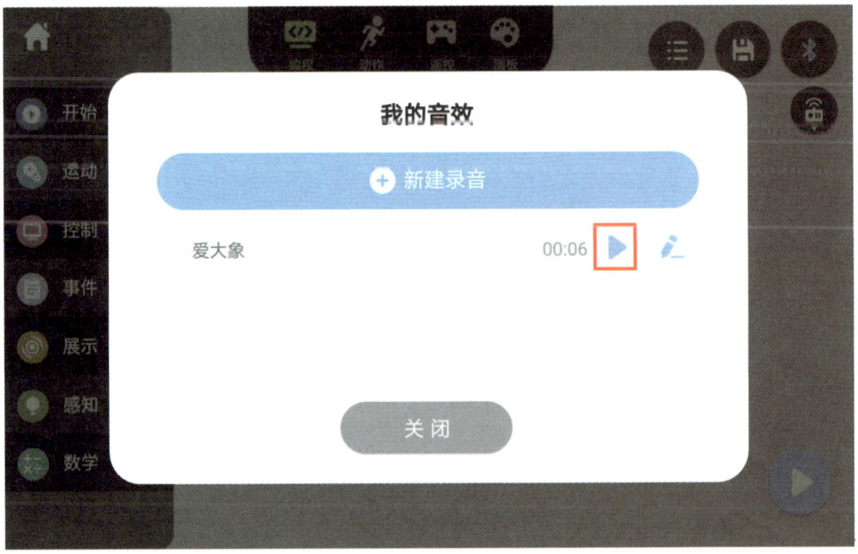

图 5.17　录音结束

四、不同"视"界

（一）知识拓展

软 体 机 器 人

传统刚性机器人主要由刚性材料（如金属、陶瓷、塑料等）制成，存在控制难度大、成本高、安全性差、易损目标物等缺点。软体机器人由纸质和硅橡胶制成，可快速实现弯曲缠绕运动，实现对多种不同形状的物体安全稳定抓持。软体机器人未来将应用于工业、医疗、康复、服务等领域。

（二）实践创新

思考一下，你的大象模型还能怎样优化外形？用彩笔画在下面的方框里吧！

主题六 会说话的大象（2）

小朋友，如何让大象模型的鼻子灵活甩动呢？

一、奇妙世界

大象的鼻子没有骨骼，是由强壮的肌肉组成的，鼻子的前端很灵活，可以握住很小的东西。除此以外，大象的鼻子还可以上下左右摆动呢。

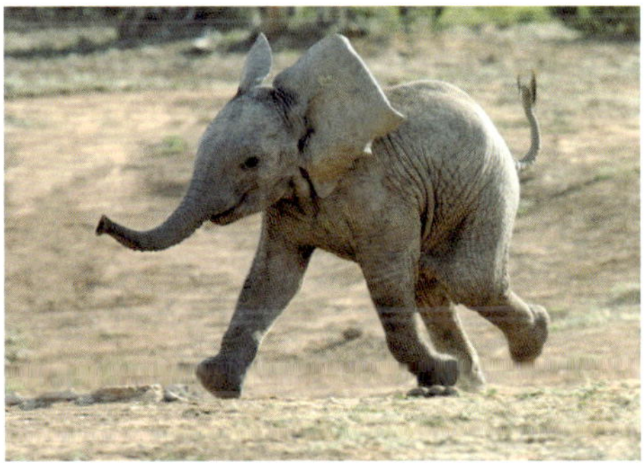

图 6.1　活泼的大象

二、优学 U 乐

要想让大象模型的鼻子灵活摆动，就需要在原有模型的基础上，再增加一个舵机，这样的话，无论是左右方向还是上下方向，鼻子都可以灵活摆动。

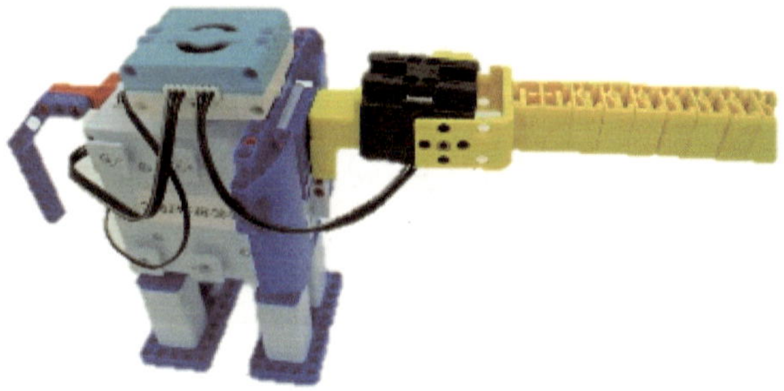

图 6.2　大象模型

图 6.3　舵机

要让"大象"鼻子上下左右摆动，新增的舵机有两种安装方式，如下图 6.4、6.5 所示。

图 6.4　舵机安装在鼻子上方

图 6.5　舵机安装在鼻子下方

三、造物工厂

让我们动手改造大象模型，让它的鼻子可以实现上下左右灵活摆动的功能吧！

（一）物料吧

材料清单

序号	材料名称	数量
1	大象模型 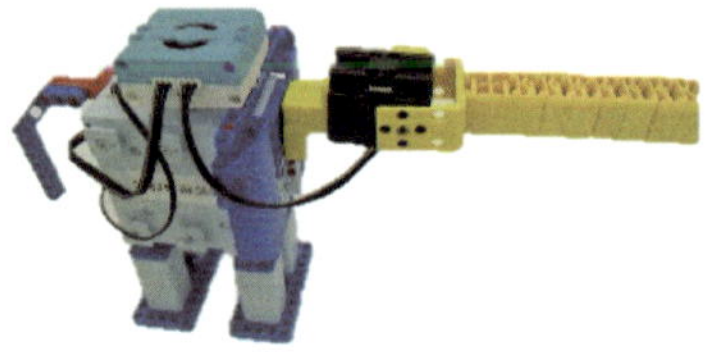	1
2	120 mm 3Pin 线材 	1
3	舵机 	1

（二）搭建吧

我们按下列步骤改造大象模型。

第一步：将原大象模型的舵机连接线从舵机连接处拔出，并将大象模型拆分为鼻子和身体两部分，如下图6.6、图6.7所示。

图6.6　鼻子组件

图6.7　身体组件

第二步：将鼻子组件固定在舵机上方，如图6.8所示。

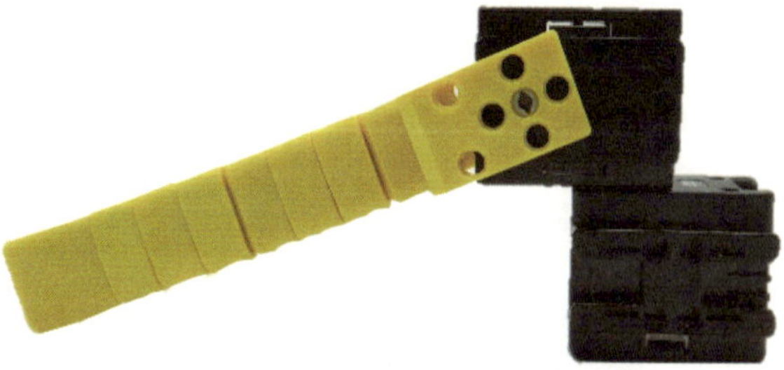

图6.8　固定鼻子组件

第三步：将搭建好的组件固定到身体组件上，搭建完成，如图6.9所示。

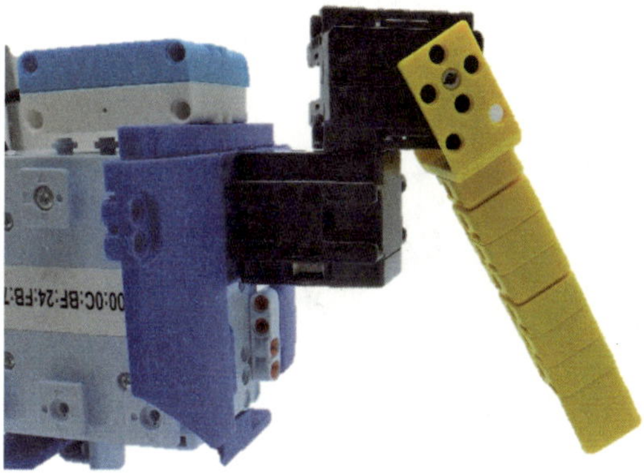

图6.9　搭建完成图

第四步：将舵机与控制器连线连接在一起，如图6.10所示。

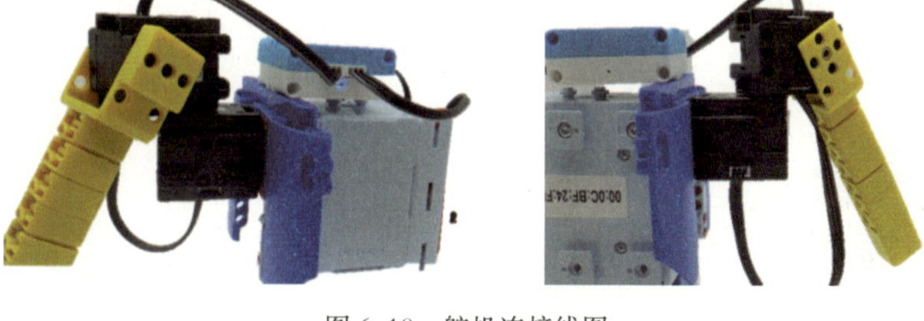

图6.10　舵机连接线图

(三）编程吧

双舵机编程：

第一步：进入"我的项目"主界面，如图 6.11 所示。

您尚未添加项目，
赶快来体验编程的乐趣吧！

⊕ 新建项目

图 6.11　"我的项目"主界面

第二步：进入编程界面，如图 6.12 所示。

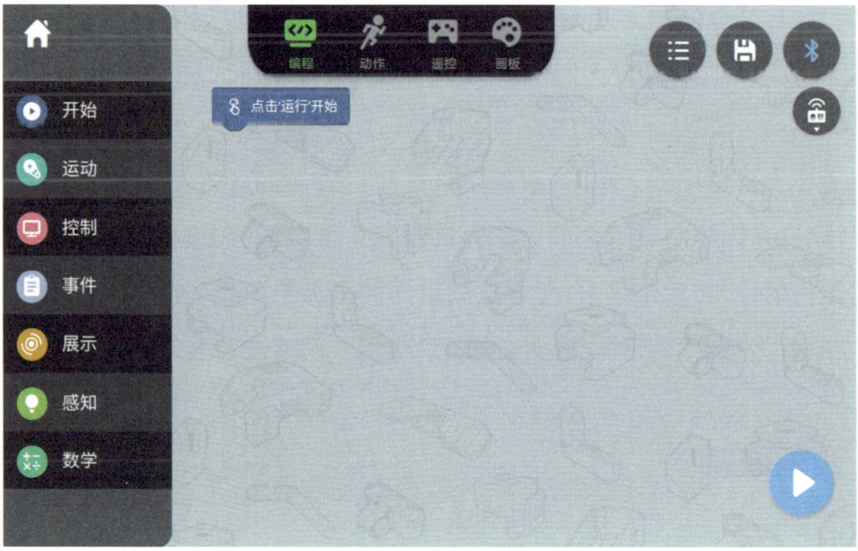

图 6.12　编程界面

第三步：控制象鼻上下左右摆动的程序示例，如图6.13所示。

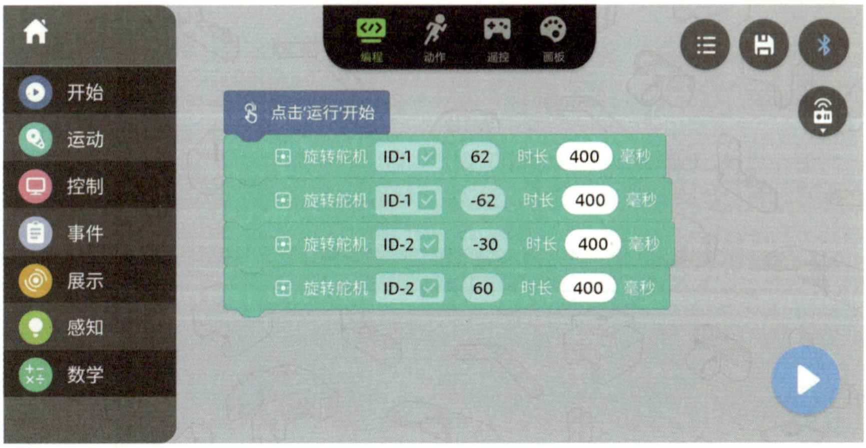

图6.13 示例程序

四、不同"视"界

（一）知识拓展

大象的"墓穴"

生活在大自然中的大象，一般都是自然死亡的，但是我们在森林里却找不到大象的尸体，这是因为临近死亡的大象会自己找一个隐蔽的山洞，用长鼻子拨开洞口的杂草和枯树枝，然后走进去，接着从洞里面伸出鼻子，卷起树木巧妙地遮住洞口，这样，大象就为自己"建造"了一处隐蔽的"墓穴"，很难被发现。

（二）实践创新

请为你的大象模型设计一段摆动鼻子的舞蹈。

图7.1 小狗

狗是一种最通晓情感的动物。小朋友，你家养有小狗吗？小狗有哪些特点？

一、宠物狗简介

狗的嗅觉远远超过其主要的其他情感器官，从许多情感的体现其丰富多彩的。从狗的尾巴来看：

尾巴小幅摆动——向你发出友好信息。

尾巴自然下垂——放松。

尾巴向上竖起——警告。

尾巴夹紧——害怕。

尾巴摇摆，不断蹭你——兴奋地见到主人。

看一看，小狗在不同情绪下，尾巴的状态有什么不同？

如果想让小狗模型的尾巴不停地左右摇摆，就要使用"重复数次"代码块或"重新开始"代码块来重复"摇摆"这一动作。现在让我们一起找一找这两个代码块在哪里吧！

（一）"重复数次"代码块

"重复数次"代码块：作用是让某一动作重复执行多次。

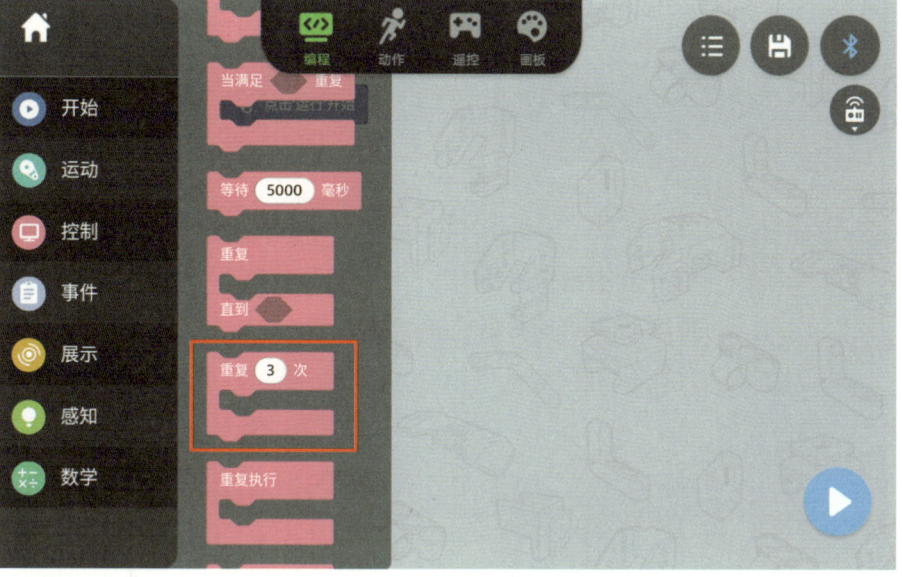

图 7.2 "重复数次"代码块

（二）"重新开始"代码块

"重新开始"代码块：作用是重新开始运行程序。

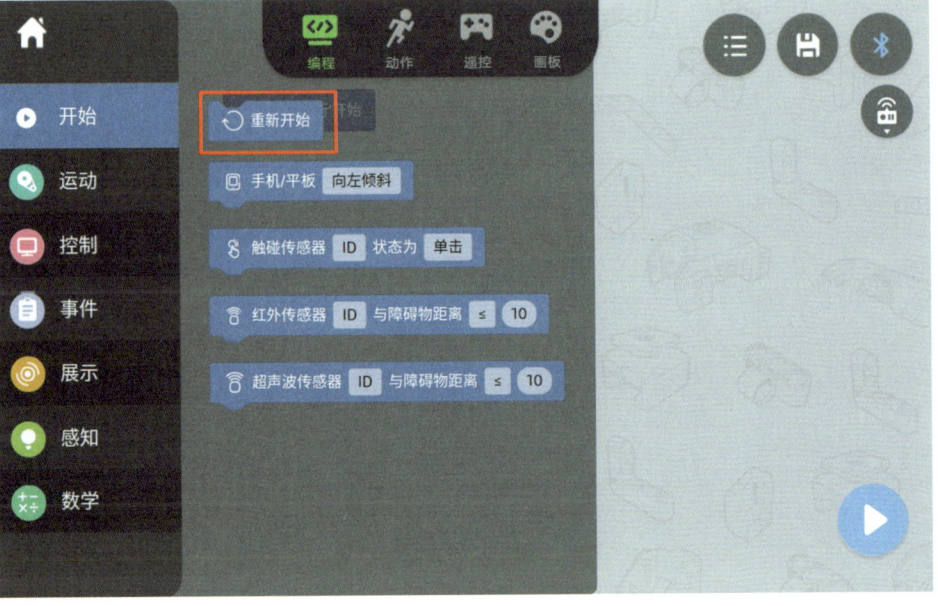

图 7.3 "重新开始"代码块

三、造物工厂

小狗模型由四部分组成,分别是头部、身体、四肢和尾巴,如图 7.4 所示。

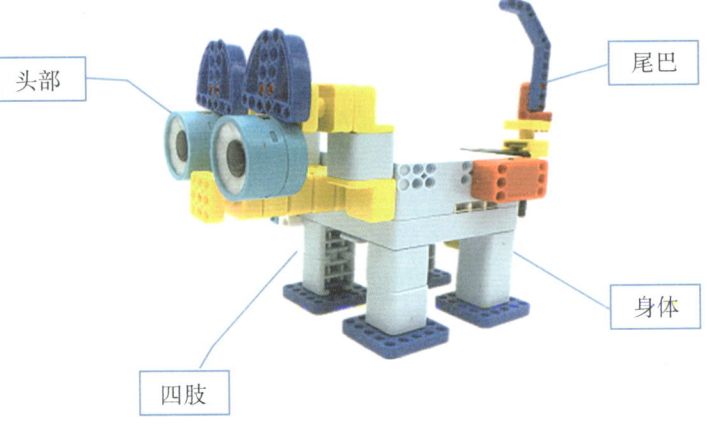

图 7.4 结构分析图

（一）物料吧

材料清单

序号	材料名称	数量
1	控制器 	1
2	开关 	1
3	舵机 	1
4	眼灯 	2
5	蓝牙音箱 	1

序号	材料名称	数量
6	120 mm 3Pin 线材	4
7	开关连接线	1
8	3×5 弧形梁(蓝)	4
9	2×3 双向直角梁	1
10	红色销	14
11	连接块(黄)	5
12	转向块(黄)	7

序号	材料名称	数量
13	3×3带孔连接块 	4
14	2倍连接块(浅蓝) 	10
15	工形块(浅蓝) 	6
16	3×7双角梁(蓝) 	1
17	5×5带孔连接块 	4

（二）搭建吧

搭建步骤参看《搭建手册》。

1. 搭建头部(耳朵和鼻子)

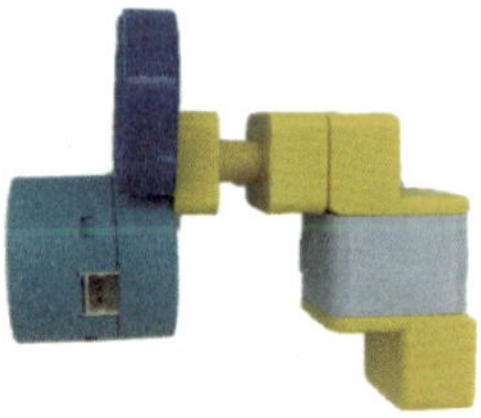

图 7.5　耳朵

图 7.6　鼻子

2. 搭建身体和四肢

图 7.7　身体

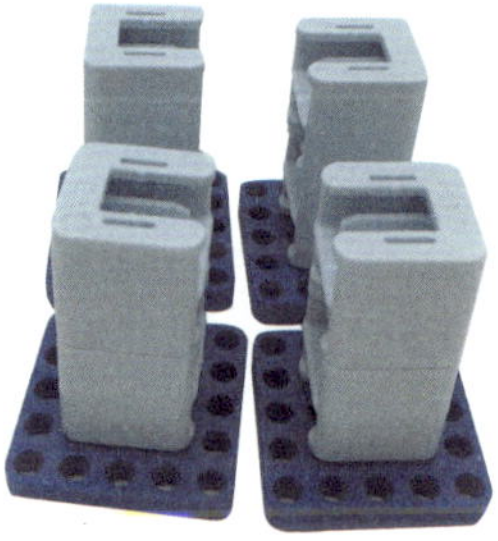

图 7.8　四肢

3. 搭建尾巴

图 7.9　尾巴

4. 整体拼装和连线

图 7.10　拼装图

图 7.11　连线图

（三）编程吧

1. 编程准备

（1）平板电脑连接控制器，进入编程界面，如图 7.12、图 7.13 所示。

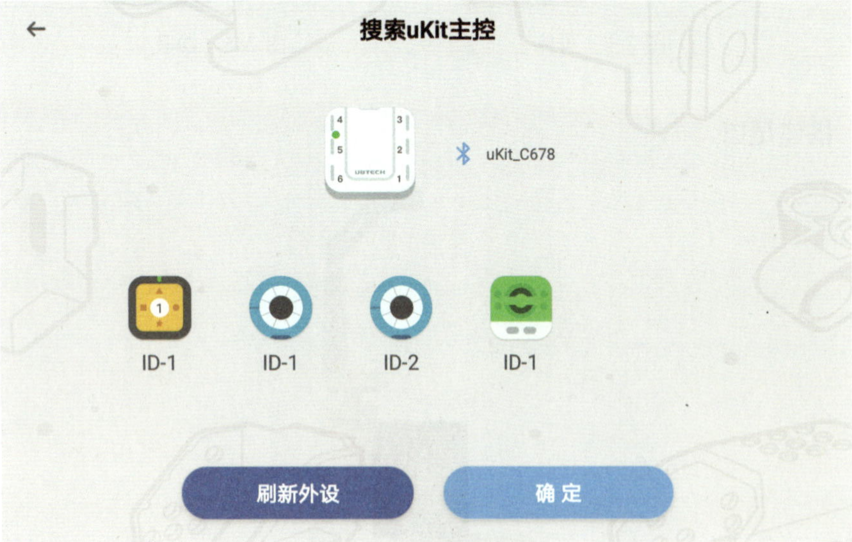

图 7.12　连接控制器

图 7.13　进入编程界面

（2）选择"旋转舵机"代码块。

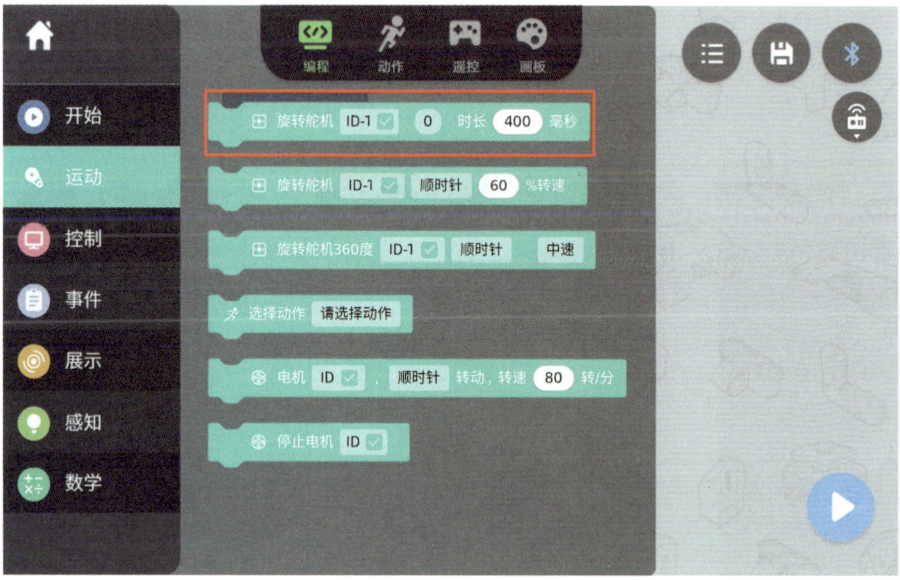

图 7.14　进入运动代码类界面

2. 试一试

（1）任务一：初识朋友。

提示："小狗"尾巴左右摆动一次。

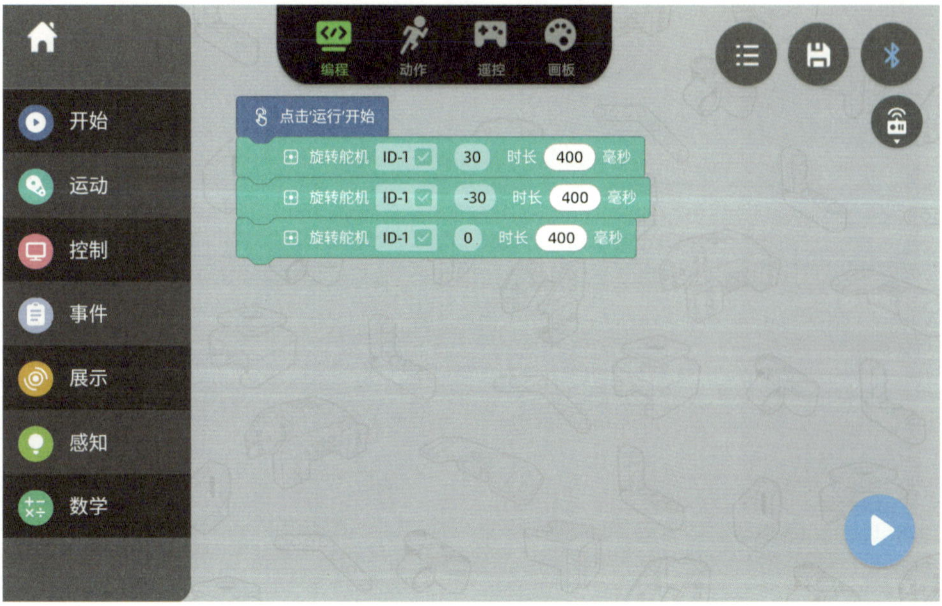

图 7.15 任务一参考程序

（2）任务二：喜欢新朋友。

提示："小狗"尾巴左右摆动三次。

图 7.16 任务二参考程序

（3）任务三：主人喂食。

提示：让"小狗"尾巴不停地摆动。

图 7.17　任务三参考程序

（4）任务四："小狗"吃饱了。

提示："小狗"先左右摆动一次尾巴，再发出叫声。

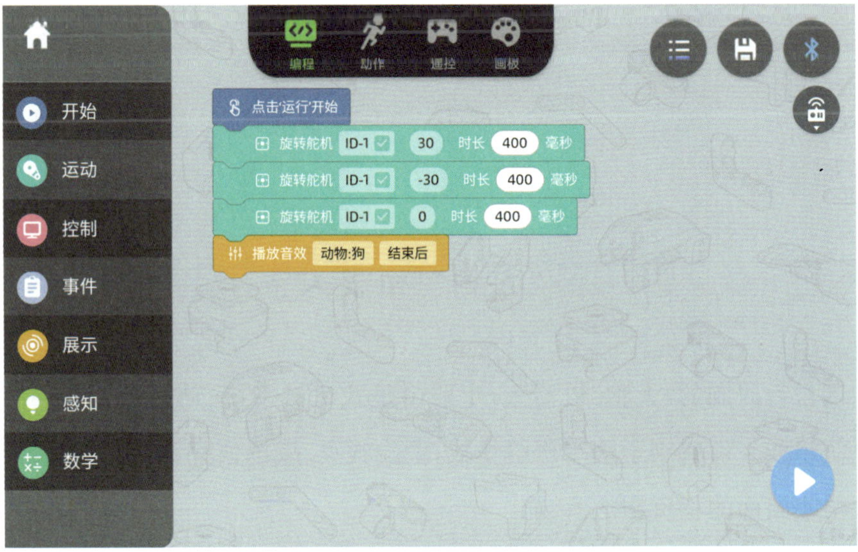

图 7.18　任务四参考程序

（5）任务五：陪主人玩耍。

提示："小狗"先左右摆动一次尾巴，然后发出叫声，最后眨一次眼睛。

图 7.19　任务五参考程序

四、不同"视"界

（一）知识拓展

"大 狗" 机 器 人

中国自行研制的"大狗"机器人，主要由足式机械系统、动力单元、感知系统及控制系统组成。可应用于陆军班组作战、抢险救灾、战场侦察、矿山运输、地质勘探等复杂崎岖路面的物资搬运。

（二）实践创新

请你为"小狗"设计一个职业，并在方框内写出这个职业的名称，画出穿着职业装的小狗模型。（比如：我的"小狗"是警察）

主题八

小鸟的翅膀

你知道小鸟为什么能在空中自由自在地飞翔吗？因为鸟类有一双强有力的翅膀，翅膀不断上下扇动，鼓动气流，使鸟类的身体快速向前飞行。

一、奇妙世界

野生鸟类的家是蓝天，它们喜欢展翅飞翔。

宠物鸟从小由人饲养，和人类友好相处，是人类亲密的伙伴，为我们带来很多快乐。

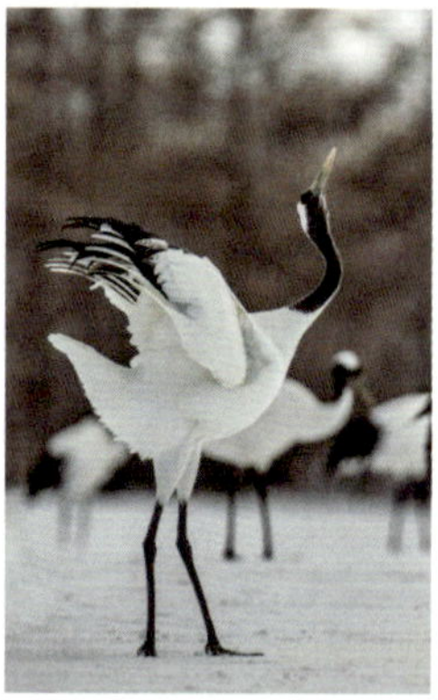

图 8.1　野生鸟(仙鹤)

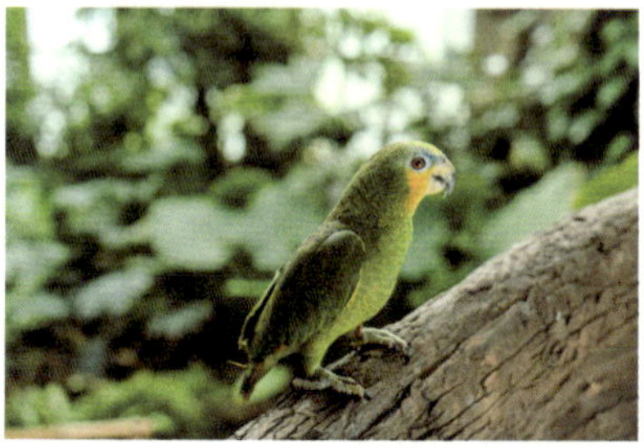

图 8.2　宠物鸟(鹦鹉)

二、优学 U 乐

我们可以利用触碰传感器与宠物鸟模型互动。

（一）认识触碰传感器

触碰传感器上面的白色部分被称为可触碰区域，如图 8.3 所示，它可以识别是否被单击、双击或长按。

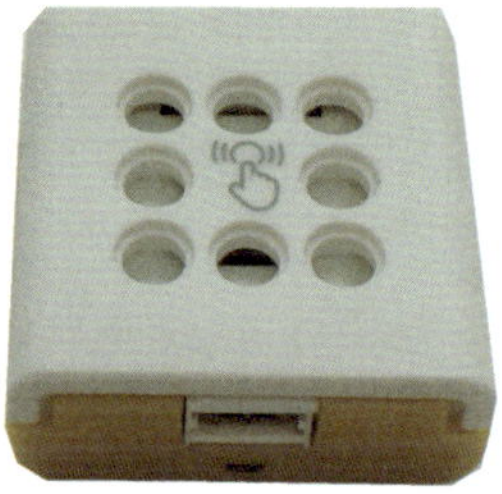

图 8.3　触碰传感器

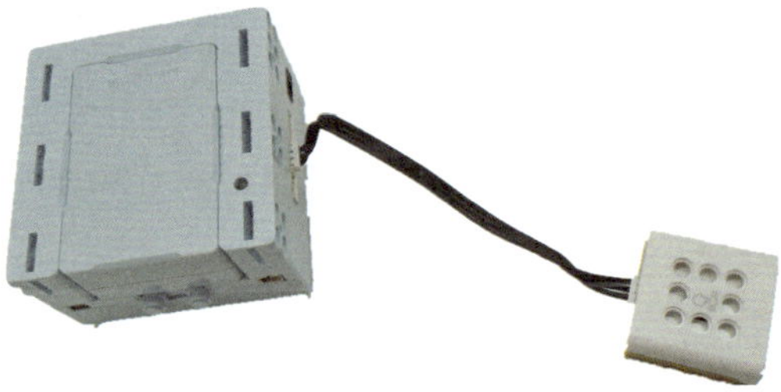

图 8.4　触碰传感器与控制器连接图

（二）“触碰开始”代码块

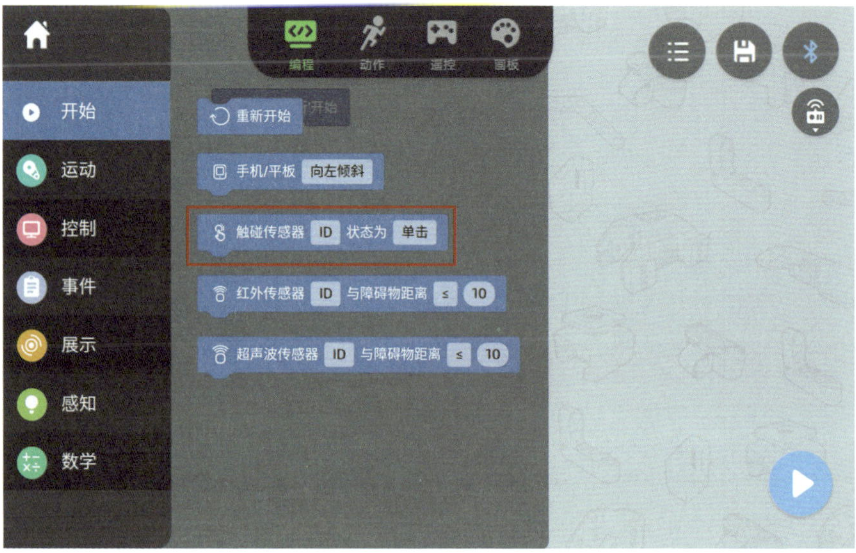

图 8.5　“触碰开始”代码块

三、造物工厂

模型一共由五部分组成：头部、翅膀、背部、后肢、尾羽，如图8.6所示。

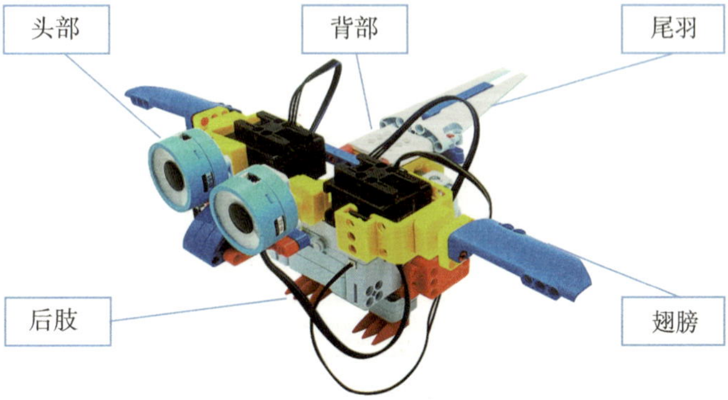

图8.6 结构分析图

（一）物料吧

材料清单

序号	材料名称	数量
1	控制器 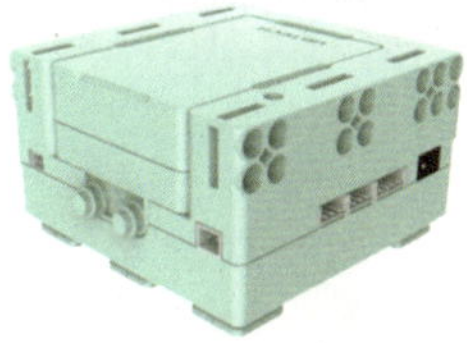	1
2	开关 	1

序号	材料名称	数量
3	舵机	2
4	眼灯	2
5	触碰传感器	1
6	120 mm 3Pin 线材	5
7	开关连接线	1
8	3×5 弧形梁(蓝)	3

序号	材料名称	数量
9	2×3双向直角梁	6
10	红色销	50
11	黄色长销	9
12	转向块(黄)	2
13	3×3带孔连接块	4
14	5孔梁(浅蓝)	1
15	9孔梁	4

序号	材料名称	数量
16	3×3垫片	5
17	2×2双向梁	2
18	左扇形面板(大)	1
19	右扇形面板(大)	1
20	短指针	6
21	三角弧形面板(右)	1
22	三角弧形面板(左)	1

续表

序号	材料名称	数量
23	方形舵机夹 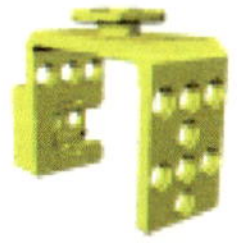	2

（二）搭建吧

搭建步骤参看《搭建手册》。

1. 搭建头部

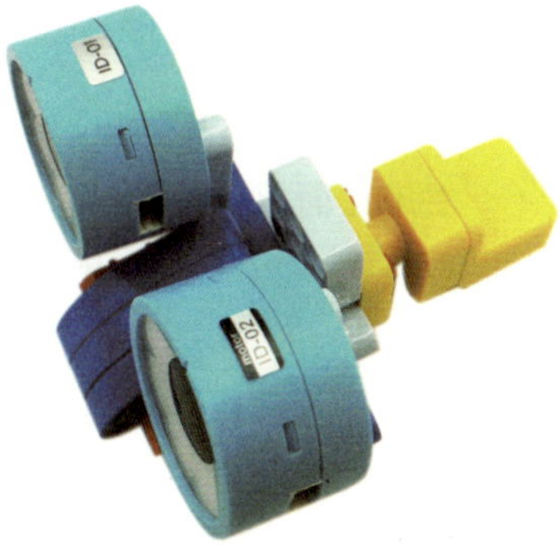

图 8.7 头部

2. 搭建翅膀

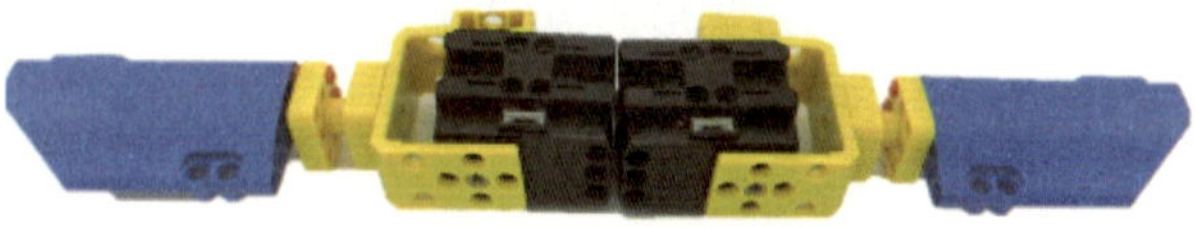

图 8.8 翅膀

3. 搭建背部

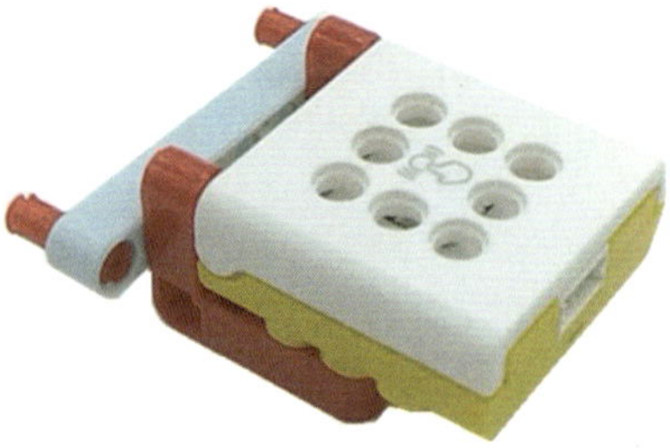

图 8.9　背部

4. 搭建后肢

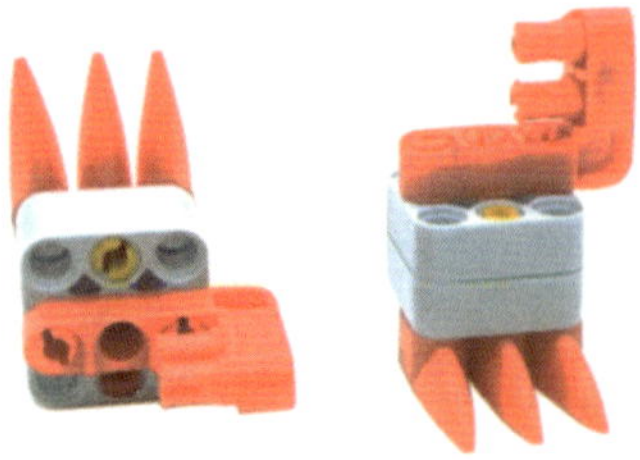

图 8.10　后肢

5. 搭建尾羽

图 8.11　尾羽

6. 整体拼装和连线

图 8.12　拼装图

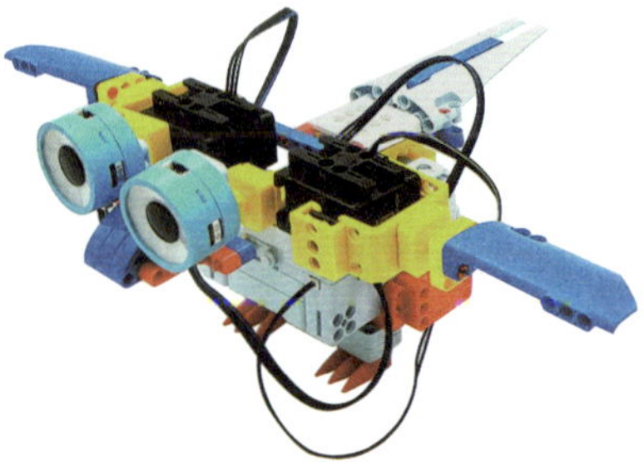

图 8.13　连线图

（三）编程吧

1. 编程准备

第一步：平板电脑连接控制器，进入编程界面，如图8.14、图8.15所示。

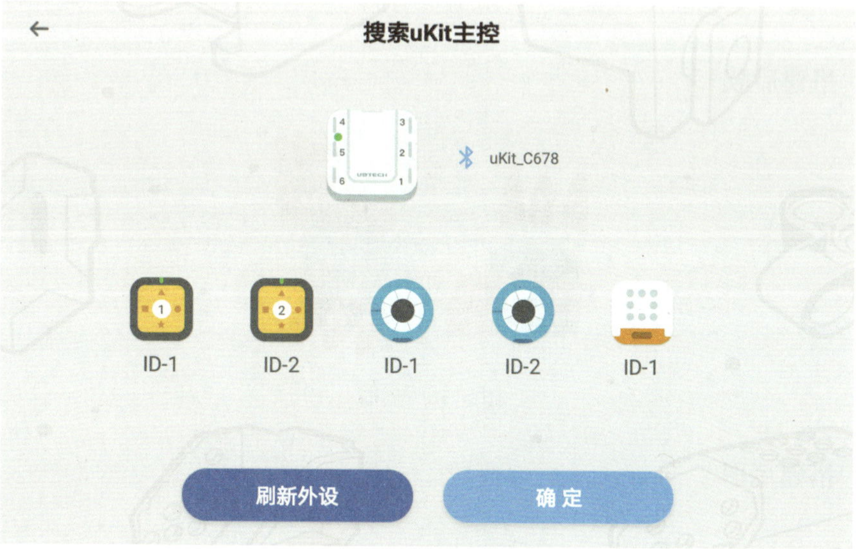

图 8.14　连接控制器

图 8.15　进入编程界面

第二步：选择"舵机旋转"代码块，代码如下，如图 8.16 所示。

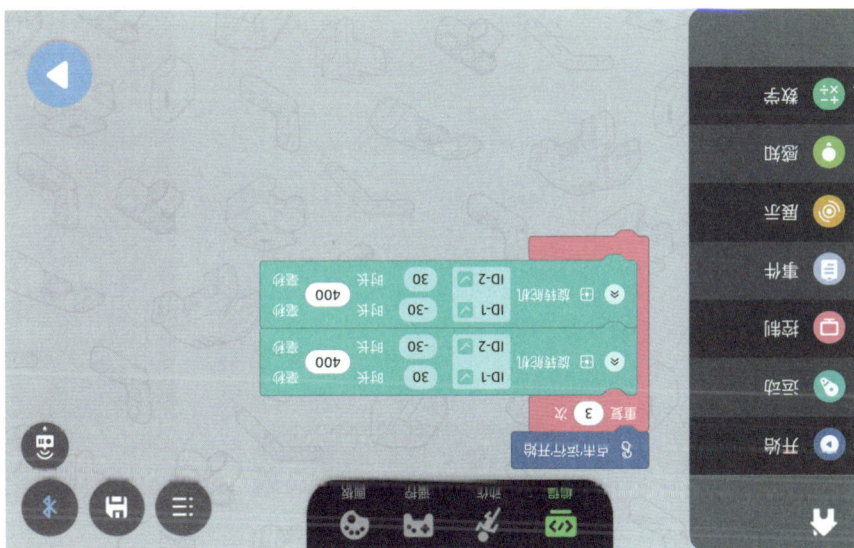

图 8.16　舵机程序界面

2. 试一试

（1）任务一：画圆圈三次。

提示："小车"需旋转圆圈三次。

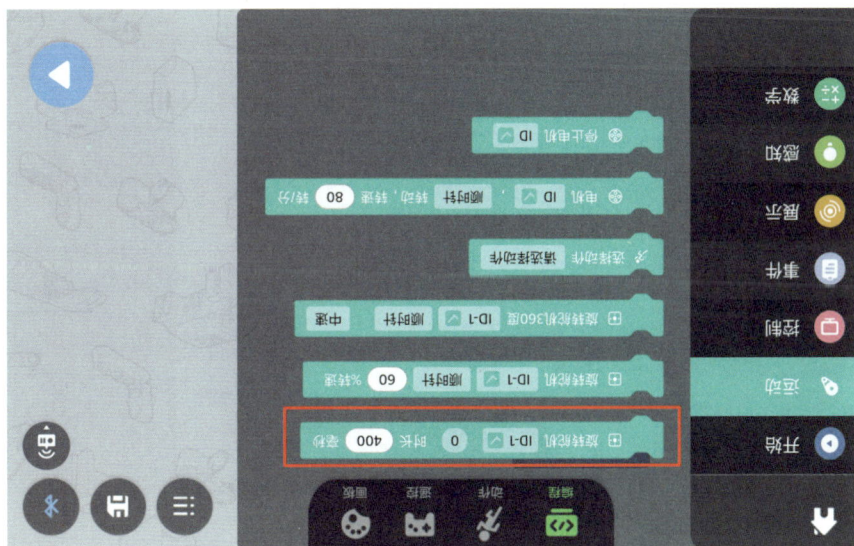

图 8.17　任务一参考程序

（2）任务二：展翅起飞。

提示：单击触碰传感器，"小鸟"扇动翅膀三次。

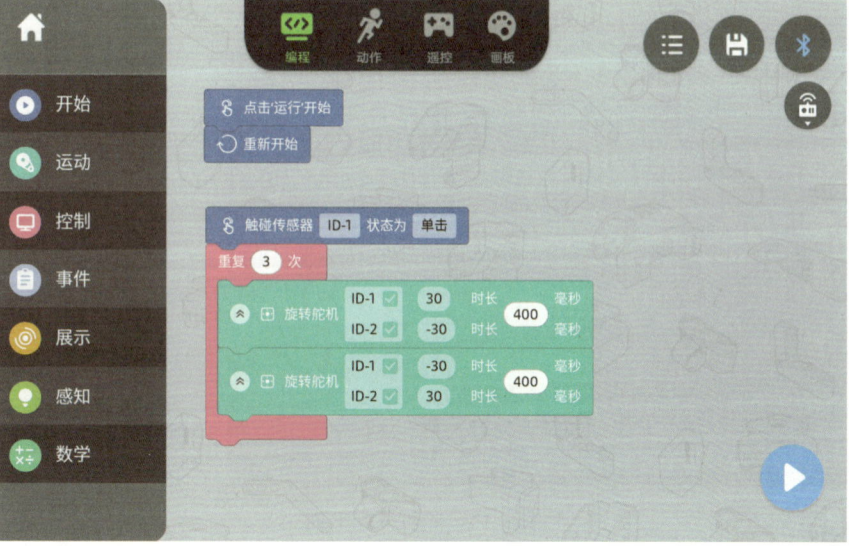

图 8.18　任务二参考程序

（3）任务三：眨眼展翅。

提示：单击触碰传感器，"小鸟"扇动翅膀一次；双击触碰传感器，"小鸟"眨眼三次。

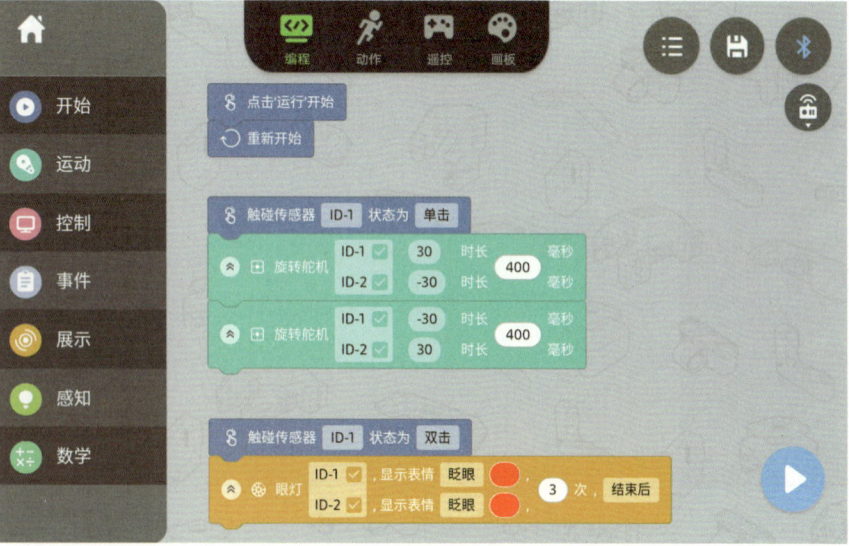

图 8.19　任务三参考程序

四、不同"视"界

（一）知识拓展

"特别"的鸟类

鸵鸟是世界上现存体型最大的鸟类,也是现存鸟类中唯一的二趾鸟。它不会飞翔,但是善于奔跑。

图 8.20　鸵鸟

孔雀有绿孔雀和蓝孔雀之分。绿孔雀为国家一级保护动物,蓝孔雀可以通过人工养殖,用于观赏。

图 8.21　孔雀

蜂鸟是世界上已知最小的鸟,也是世界上唯一可以向后飞行的鸟。

图 8.22　蜂鸟

北极燕鸥是已知迁徙路线最长的鸟类。它习惯过白昼生活,被人们称为"白昼鸟"。

图 8.23　北极燕鸥

（二）实践创新

请你思考如何优化模型的外观并将优化好的模型画出来。

主题九 活动课——我们不一样

动物城里一年一度的"才艺大比拼"活动即将拉开序幕,快来一睹参与活动的小动物的风采吧!

一、认知扩展

每种动物最突出的"才艺"是什么呢?

图 9.1 河马

图 9.2 小猫

图 9.3 大象

图9.4　小狗

图9.5　小鸟

二、知识链接

为了参加这次"才艺大比拼"活动,小动物从四面八方赶来。我们一起来思考下:它们的"才艺"是由哪些零件实现的呢? 连一连吧!

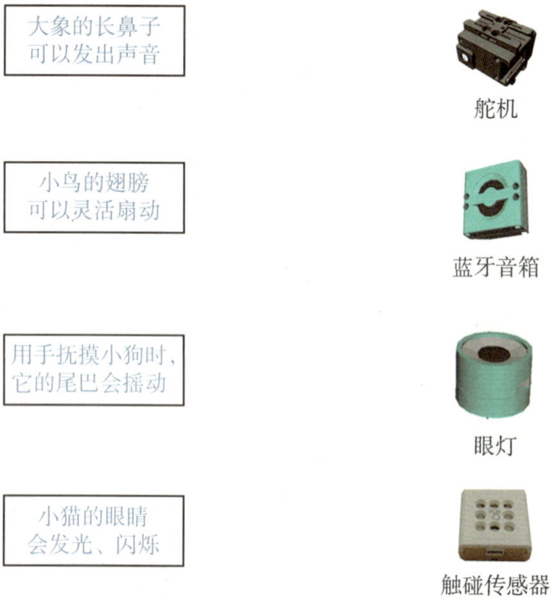

大象的长鼻子可以发出声音		舵机
小鸟的翅膀可以灵活扇动		蓝牙音箱
用手抚摸小狗时,它的尾巴会摇动		眼灯
小猫的眼睛会发光、闪烁		触碰传感器

图9.6　连一连

三、创意设计

主题活动：我是它的代言人——为动物设计"才艺"

请挑选其中的 种小动物，运用零件来装扮原有模型，利用程序给小动物设计更多"才艺"。程序运行成功后，请将最终的模型画出来。

提示：为小猫模型添加一个蓝牙音箱，通过录音功能实现让"小猫"讲述一个故事的效果。

主题十 长颈鹿的长脖子

长颈鹿是世界上现存最高的陆生动物,它的身高大约有两层楼那么高。长颈鹿生存于稀树草原地带,那里的树木多为伞型,树叶集中在上层,所以当低处树叶吃完之后,它们便开始抬头吃高处的树叶。经过几百万年,长颈鹿的脖子变得越来越长,个子越来越高,慢慢就变成了现在的样子。

一、奇妙世界

长颈鹿脖子那么长,抬头仰望、

想一想,还有哪些动物有长脖子?

图 10.1　长颈鹿

低头喝水的动作全靠独特的颈椎构造才能完成。长颈鹿的颈椎就如同人类的关节，能灵活运动。喝水时，长颈鹿的脖子几乎可以贴到地面；休息时，可以将脖子向后弯曲，搭到大腿上。

二、优学 U 乐

长颈鹿模型的两个舵机控制着脖子的灵活运动，同时，蓝牙音箱可以让它发出声音，甚至通过编程还可以像人一样"说话"呢！

（一）硬件的连线方法

硬件连接的正确顺序是：控制器—蓝牙音箱—ID-2 号舵机—ID-1 号舵机—1 号眼灯—2 号眼灯。

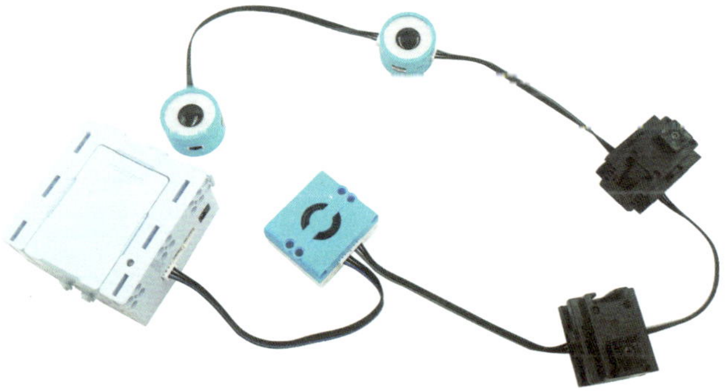

图 10.2　硬件连接控制器

（二）硬件完成连线后，控制器与软件连接

ID-2 号舵机用于连接长颈鹿模型的脖子部分，ID-1 号舵机用于连接长颈鹿模型的头部。

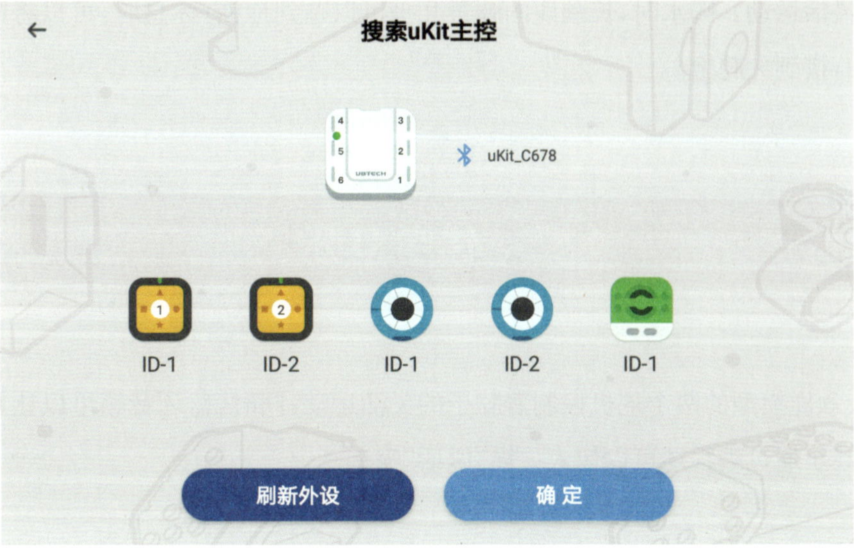

图 10.3　控制器与软件连接

三、造物工厂

长颈鹿模型由四大部分组成：头部、长脖子、身体、尾巴，如图 10.4 所示。

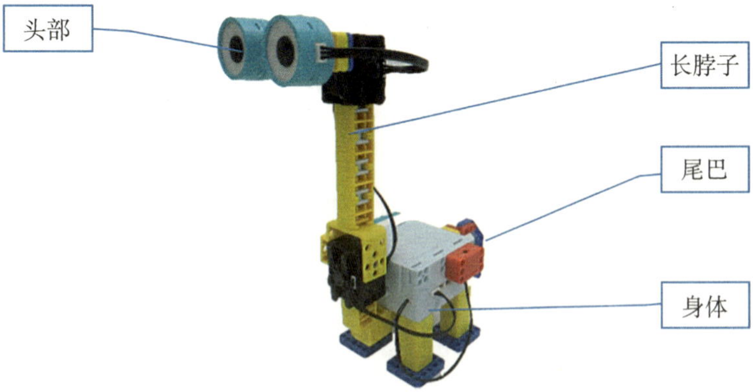

图 10.4　结构分析图

（一）物料吧

材料清单

序号	材料名称	数量
1	控制器 	1
2	开关 	1
3	舵机 	2
4	眼灯 	2
5	120 mm 3Pin 线材 	4

序号	材料名称	数量
6	80 mm 3Pin 线材	1
7	开关连接线	1
8	红色销	12
9	2倍连接块（黄）	13
10	连接块（黄）	1
11	方形舵机夹	1

序号	材料名称	数量
12	3×3 带孔连接块	3
13	转向块(黄)	2
14	凸起对称延伸块	1
15	5×5 带孔连接块	4
16	工形块(浅蓝)	9
17	2×3 双向直角梁	1

续表

序号	材料名称	数量
18	3×7 双角梁(蓝) 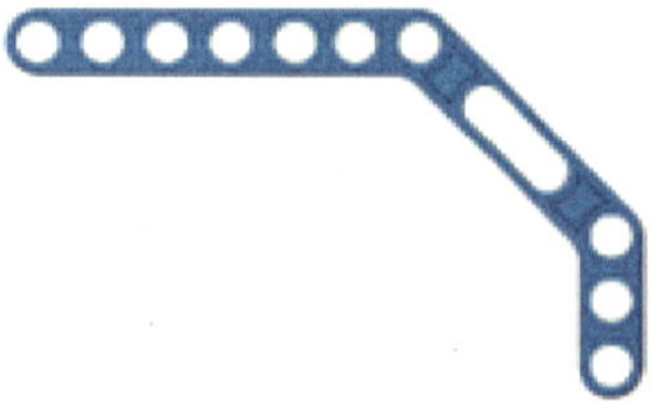	1
19	蓝牙音箱 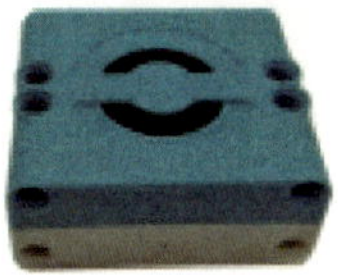	1

(二) 搭建吧

搭建步骤参看《搭建手册》。

1. 搭建头部

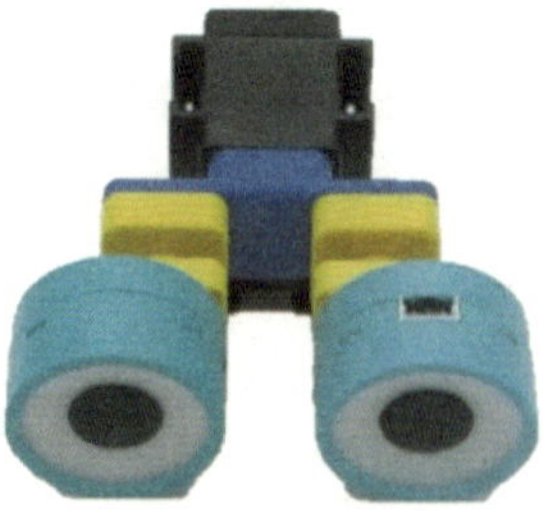

图 10.5 头部

2. 搭建长脖子

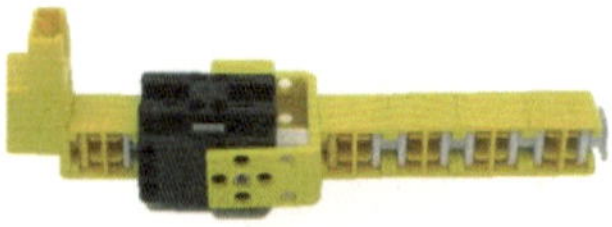

图 10.6 长脖子

3. 搭建身体

图 10.7　身体

4. 搭建尾巴

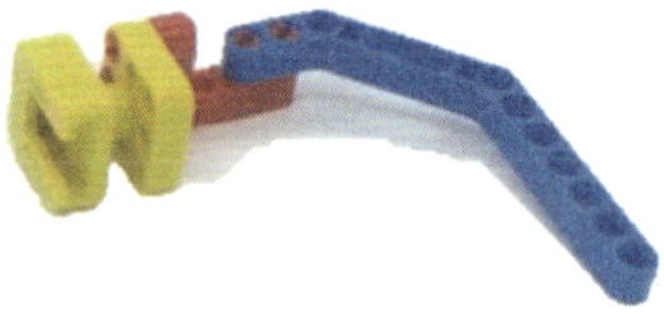

图 10.8　尾巴

5. 整体拼装和连线

图 10.9　整体拼装 　　　　　图 10.10　连线

（三）编程吧

1. 编程准备

平板电脑连接控制器，进入编程界面，如图 10.11、图 10.12 所示。

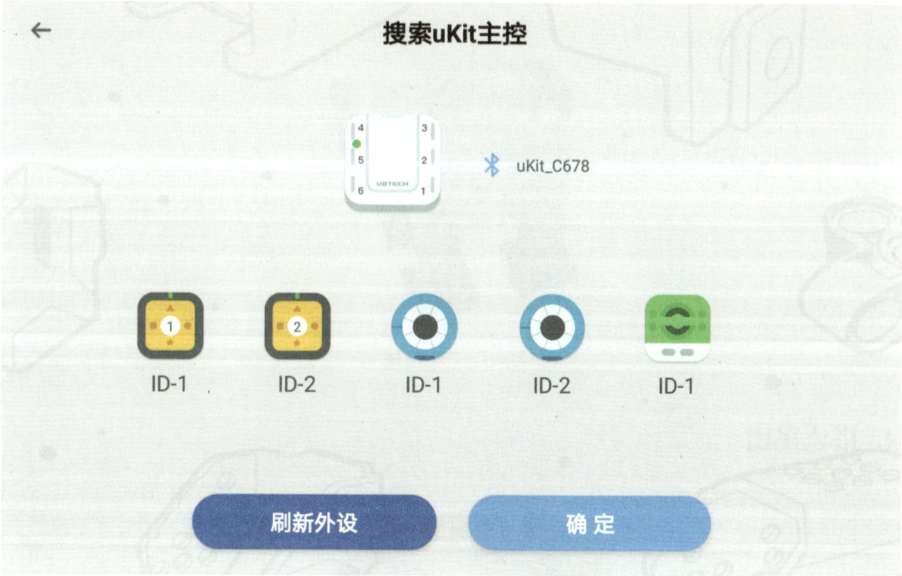

图 10.11　连接控制器

图 10.12　编程界面

2. 试一试

（1）任务一："长颈鹿"的脖子前后摆动一次，头左右摆动一次。

提示：要注意对应舵机的角度。

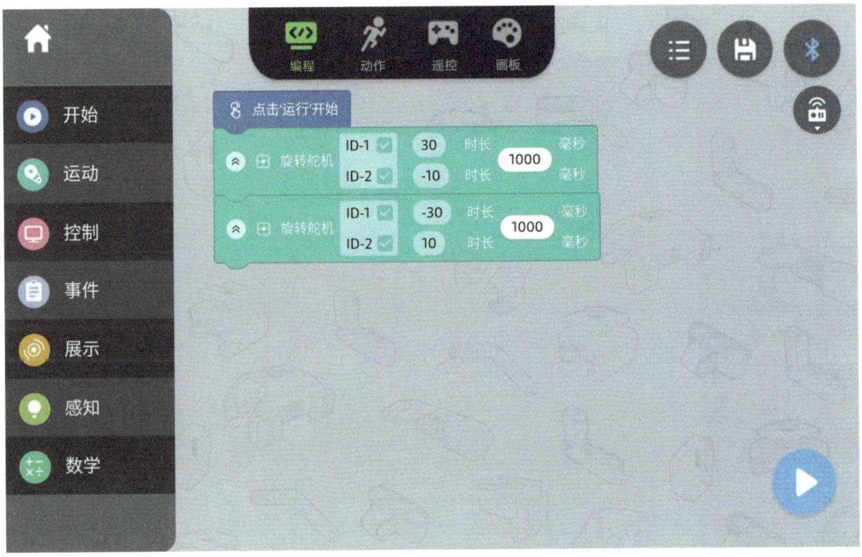

图 10.13　任务一参考程序

（2）任务二：在完成任务一的基础上，为"长颈鹿"增加两种不同的表情且眼睛显示浅蓝色的光。

提示：建议每执行一次"头"和"脖子"的动作之后，执行一次表情。

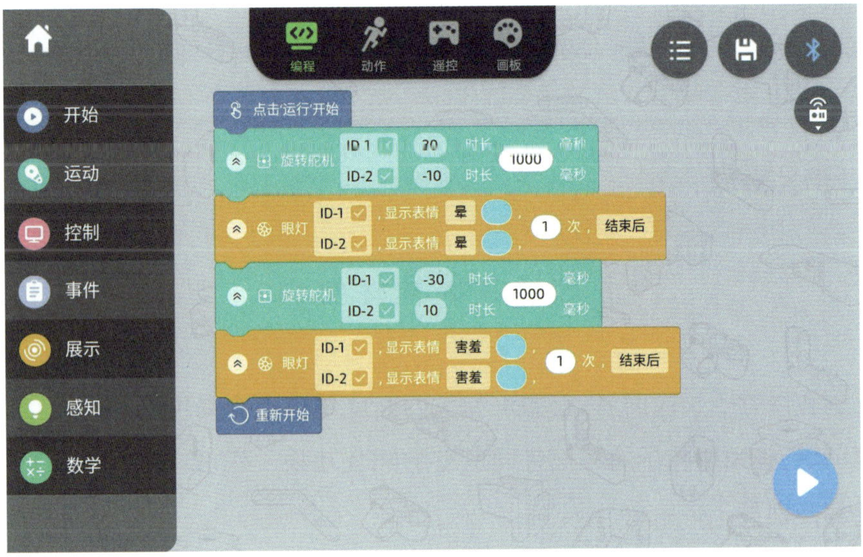

图 10.14　任务二参考程序

（3）任务三：在完成任务二的基础上，添加"长颈鹿"的声音。

提示：利用蓝牙音箱，让"长颈鹿"发出声音。

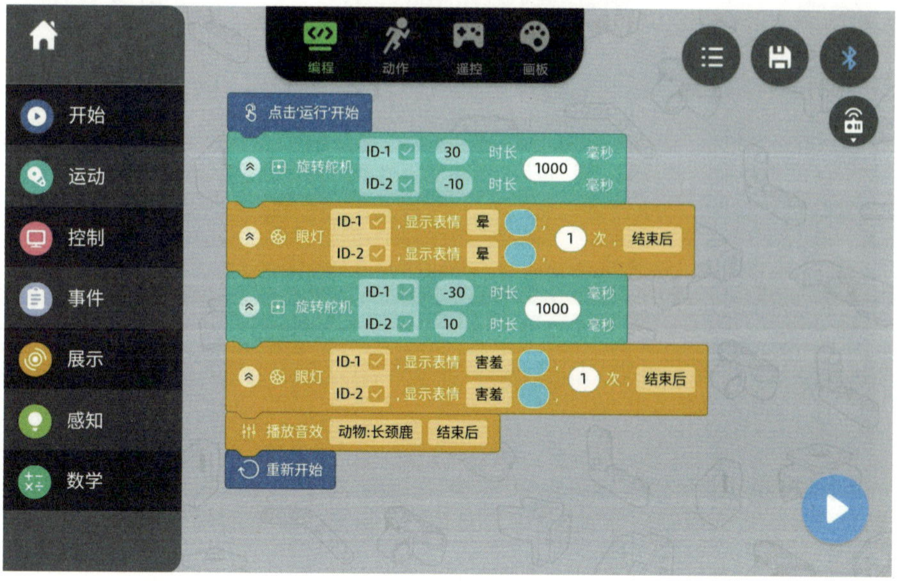

图 10.15　任务三参考程序

四、不同"视"界

（一）知识拓展

长颈鹿是如何睡觉的？

长颈鹿以脖子长而闻名，它的颈和头的高度约占整个高度的一半以上。解剖学研究证明，长颈鹿脖子的颈椎骨同所有的哺乳动物一样，只有七块，只是每一块颈椎骨都特别长。

长颈鹿基本无法躺在地上，那是因为长颈鹿躺下后，很难从地上爬起来。如果要爬起来，就要用到全身的肌肉，一旦不小心摔倒，就容易造成骨折，所以长颈鹿连睡觉都站着。出生不久、尚不能很好控制身体的幼鹿，如果想睡一会儿的话，只能蜷着腿侧身躺着。

（二）实践创新

长颈鹿睡觉时，总要保持站立的姿势，你能不能为长颈鹿创造一个舒适的睡觉环境呢？请把你的想法用绘画或书写的方式表达出来。

主题十一

蜗牛的触角（1）

蜗牛属于软体动物，身背一个“小房子”，而且它还是世界上牙齿最多的动物。让我们一起来探索蜗牛的小秘密吧！

一、奇妙世界

因为平时身体缩在壳内，爬行时头部有牛角般的触角，所以人们叫它蜗牛。蜗牛的头部有四个触角，不仅可以用来触摸着行路，还可以闻到气味。其中两个大触角的顶端长着眼睛，被人们比喻成夜间走路时用的手电筒。

你知道蜗牛的眼睛长在哪里吗？

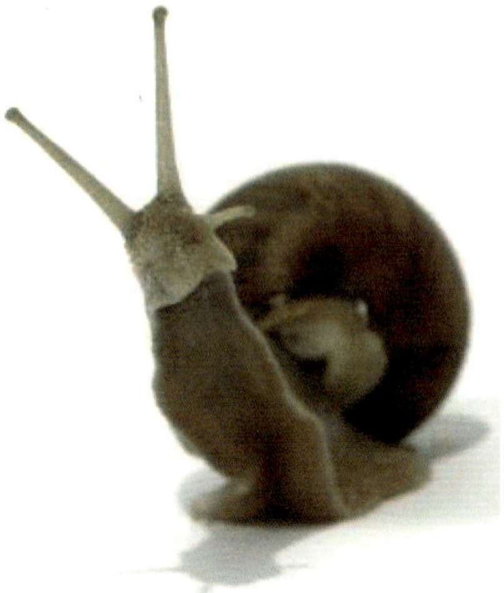

图 11.1　蜗牛的触角

二、优学U乐

这节课我们将用 uKit 积木套件中的控制器、舵机、眼灯等零件来搭建一只可以爬行的"小蜗牛"。

（一）两个舵机的连接

ID‑1号舵机用于"蜗牛"身体的前半部分，ID‑2号舵机用于"蜗牛"身体的后半部分。

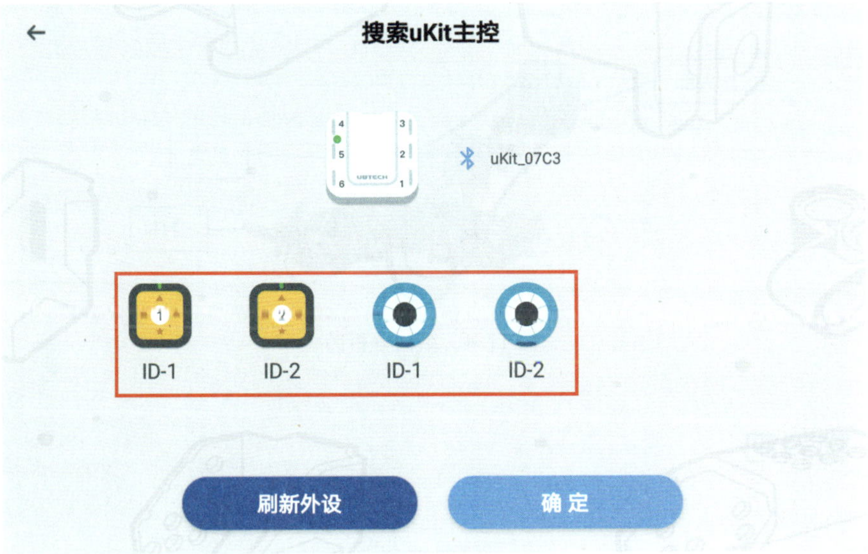

图 11.2　连接图

（二）硬件的连接方式

舵机连接控制器的正确顺序是：控制器—ID‑1号舵机—ID‑2号舵机。

眼灯连接控制器的正确顺序是：控制器—1号眼灯—2号眼灯。

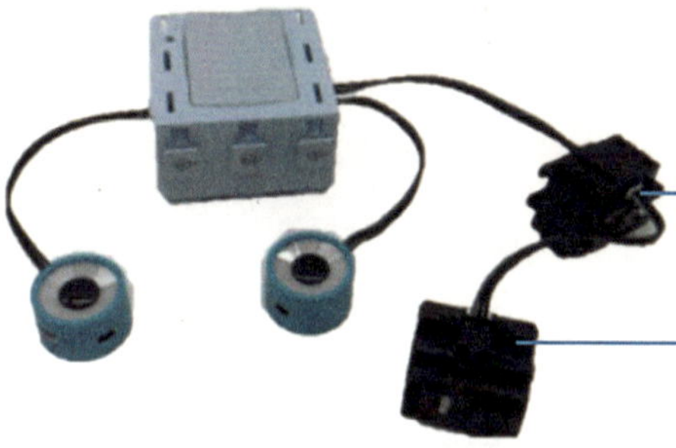

图 11.3　硬件连接控制器

三、造物工厂

蜗牛模型共有三大部分：头部、贝壳、身体，如图 11.4 所示。搭建蜗牛模型需要用到哪些材料呢？

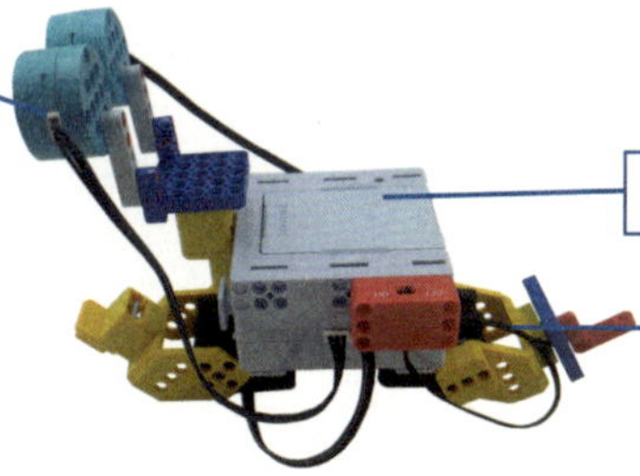

图 11.4　结构分析图

（一）物料吧

材料清单

序号	材料名称	数量
1	控制器 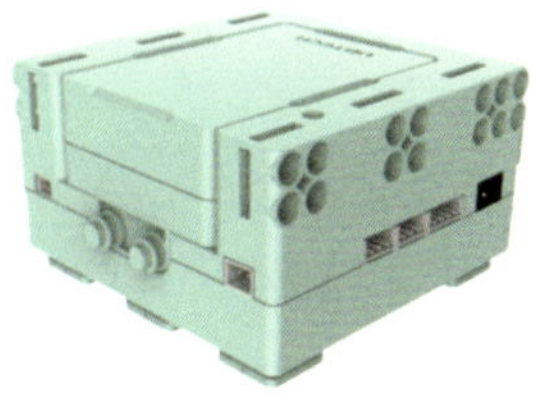	1

序号	材料名称	数量
2	开关	1
3	舵机	2
4	眼灯	2
5	工形块(浅蓝)	1
6	160 mm 3Pin 线材	2
7	120 mm 3Pin 线材	2
8	开关连接线	1

序号	材料名称	数量
9	红色销	14
10	2×3 双向直角梁	1
11	转向块(黄)	2
12	2倍连接块(黄)	1
13	45°舵机夹(右)	2

续表

序号	材料名称	数量
14	1×3双向梁 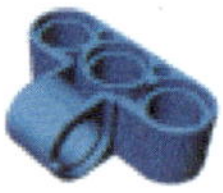	2
15	5×5带孔连接块 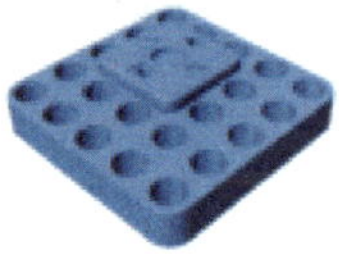	2
16	5孔梁(浅蓝) 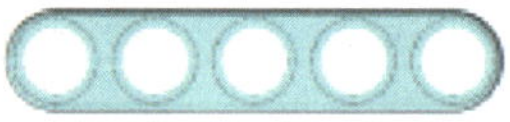	2

(二) 搭建吧

搭建步骤参看《搭建手册》。

1. 搭建头部

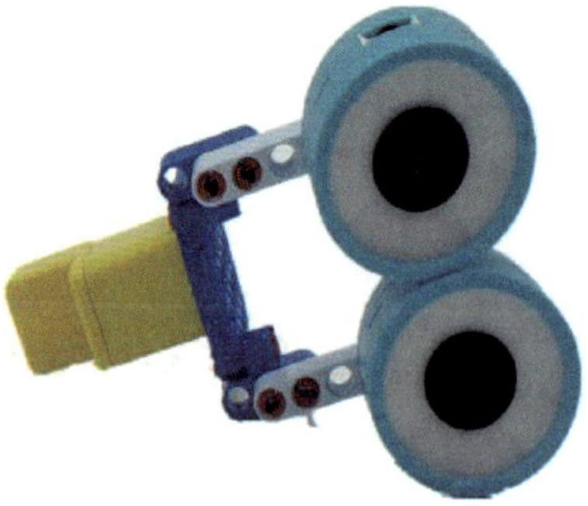

图 11.5　头部完成图

2. 搭建贝壳

图 11.6　贝壳完成图

3. 搭建身体

图 11.7　身体完成图

4. 整体拼接和连线

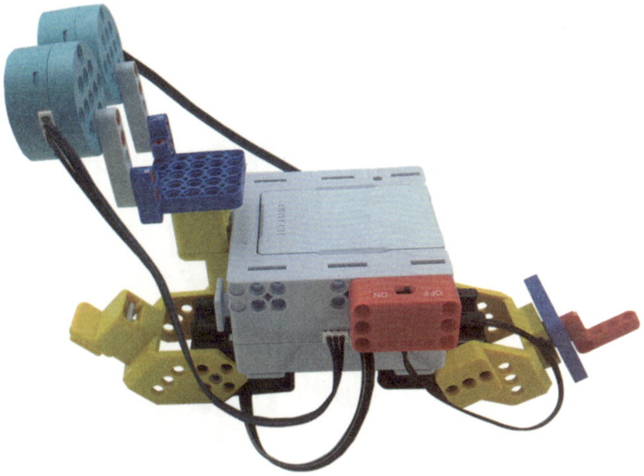

图 11.8　"蜗牛"整体完成图

（三）编程吧

小朋友,你的蜗牛模型搭建完成了吗? 我们一起通过编程让"小蜗牛"动起来吧!

1. 编程准备

平板电脑连接控制器,进入编程界面,如图 11.9、图 11.10 所示。

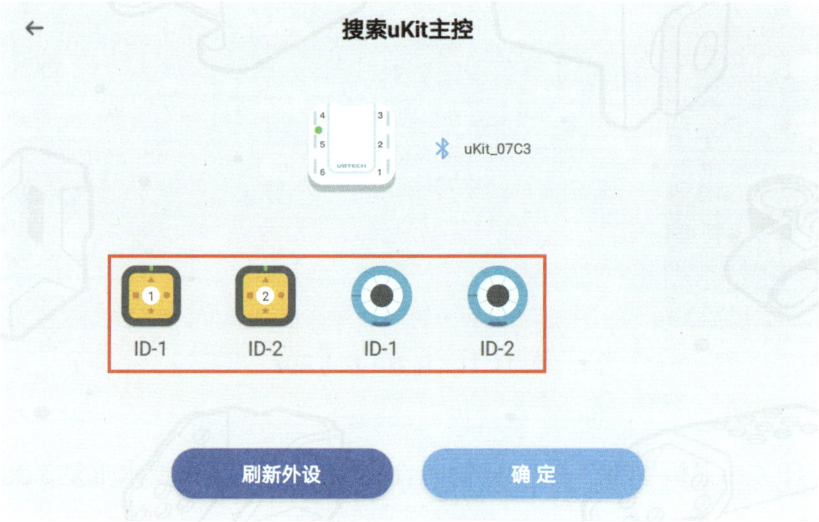

图 11.9　连接控制器

图 11.10　编程界面

2. 试一试

（1）任务一：“蜗牛”向前走一步。

提示：两个舵机代码块配合使用，注意设置舵机的角度。

图 11.11　任务一参考程序

（2）任务二：“蜗牛”眨一次眼的同时，向前走一步。程序要求重复 3 次，并结合使用“重复数次”代码块。

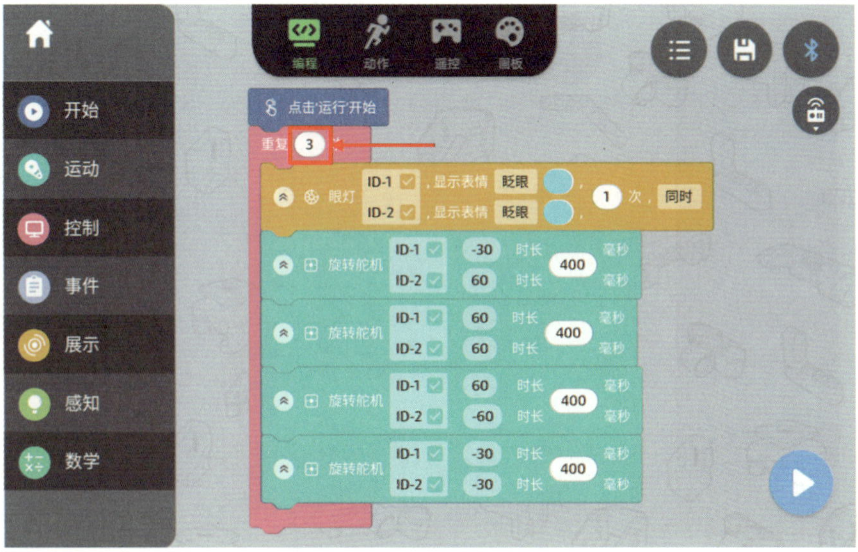

图 11.12　任务二参考程序

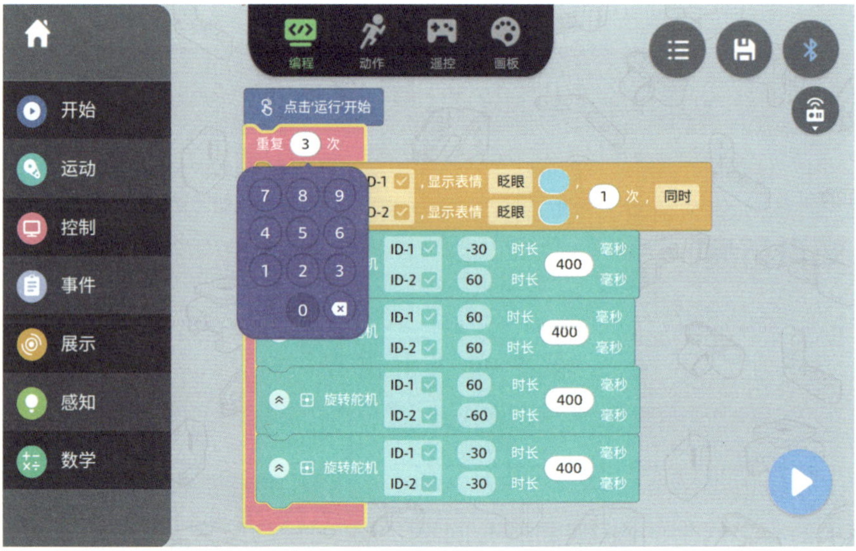

图 11.13 "重复数次"代码块设置界面

(3) 任务三:"蜗牛"重复执行眨一次眼的同时,向前走一步。

提示:使用"重新开始"代码块。

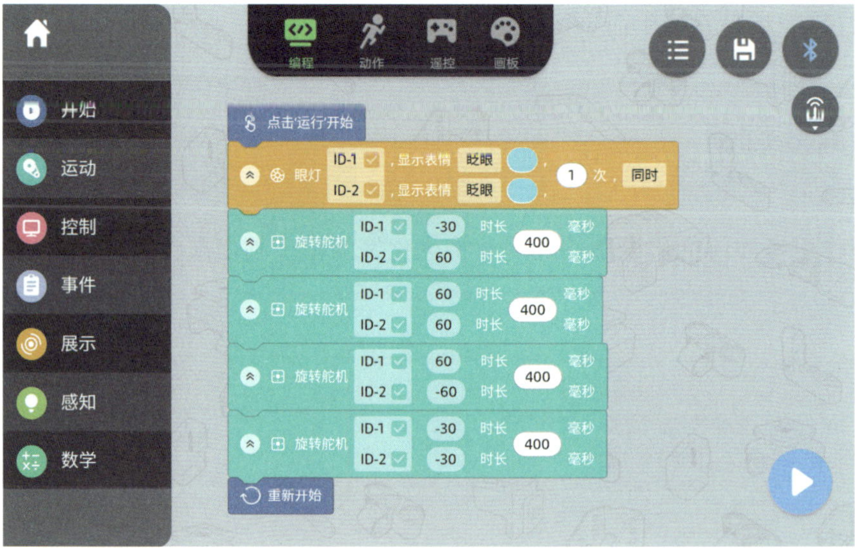

图 11.14 任务三参考程序

四、不同"视"界

（一）知识拓展

蜗牛的"小房子"

蜗牛孵化出来就有一座"小房子"，那便是蜗牛的壳。蜗牛的心、肺和所有的重要器官都需要壳的保护，所以壳对蜗牛至关重要。

蜗牛的壳不仅可以帮助呼吸，还具有保持身体湿润的作用。如果蜗牛的壳不小心损坏且修补不好，它就会死亡，所以对于蜗牛来说，壳就是它的生命和一切。

图 11.15　蜗牛的"小房子"

（二）实践创新

请你思考如何优化模型的外观并将优化好的模型画出来。

主题十二

蜗牛的触角（2）

你知道蜗牛是怎么向前爬的吗？

"阿门阿前一棵葡萄树，阿嫩阿嫩绿地刚发芽，蜗牛背着那重重的壳呀，一步一步地往上爬……"小朋友一定听过这首歌吧？让我们的蜗牛模型像歌词里一样，按我们的指令向前爬行吧！

一、奇妙世界

蜗牛是陆地上最常见的软体动物之一，它的外壳形状大小不一。蜗牛以细波浪方式爬行，并在爬行中留下黏液形成的痕迹。当蜗牛遇到危险时，身体就会缩进壳里。

二、优学U乐

在蜗牛模型的头部添加一个触碰传感器，让"小蜗牛"听从你的指挥。

（一）安装触碰传感器

触碰传感器安装于蜗牛模型的头部，App中连接图如下所示。

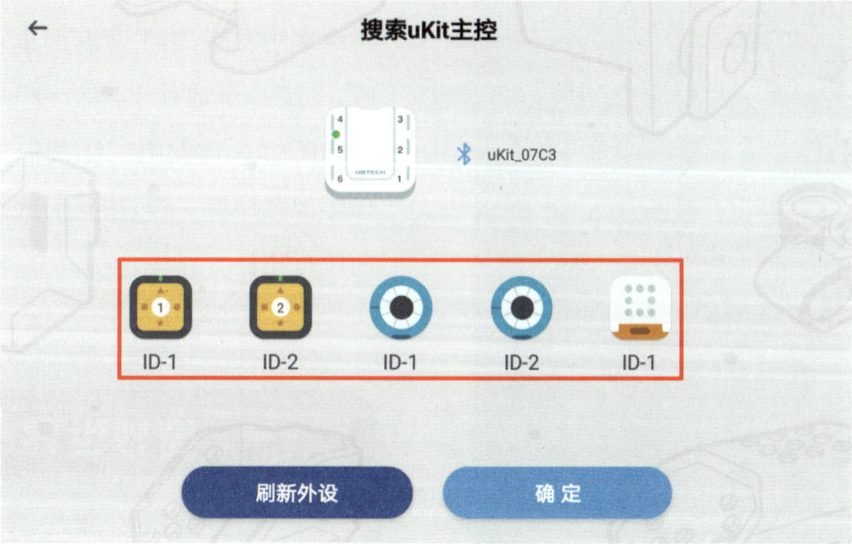

图 12.1　连接图

（二）触碰传感器的连接方式

图 12.2　硬件连接控制器

三、造物工厂

假如需要升级"小蜗牛"的头部，需要用到哪些材料呢？结构分析图参见图12.3。

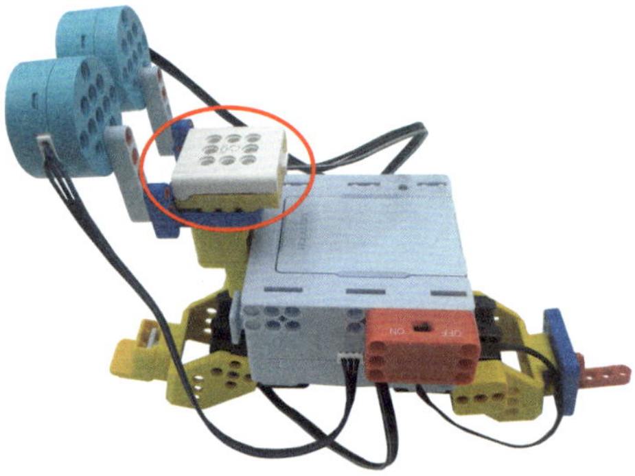

图 12.3　结构分析图

（一）物料吧

材料清单

序号	材料名称	数量
1	蜗牛模型 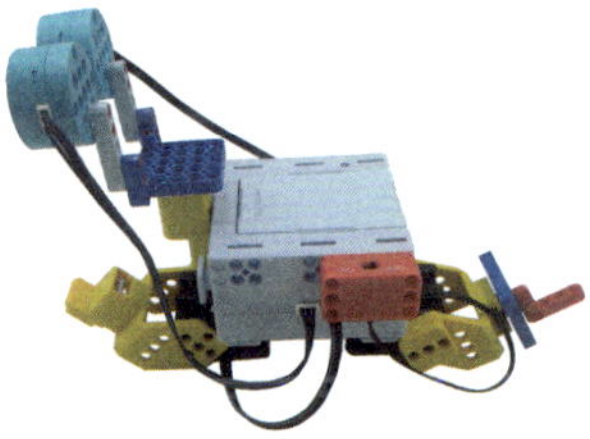	1
2	触碰传感器 	1
3	120 mm 3Pin 线材 	1
4	红色销 	4

（二）搭建吧

1. 添加触碰传感器

图 12.4　添加触碰传感器

2. 整体拼接和连线

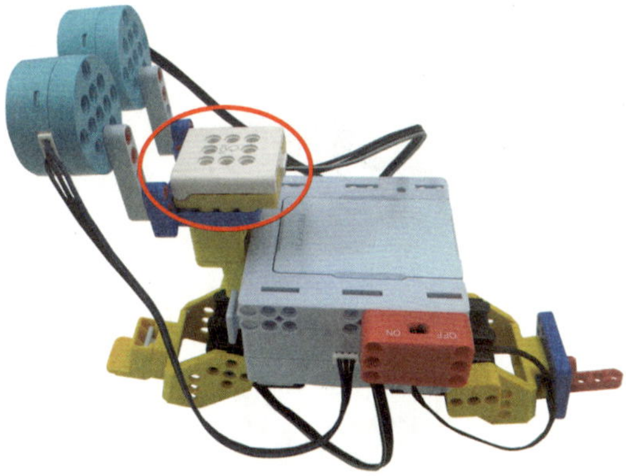

图 12.5　成果图

（三）编程吧

小朋友，你的"小蜗牛"升级完成了吗？让你的"小蜗牛"动起来吧！

1. 编程准备

平板电脑连接控制器，进入编程界面，如图 12.6、图 12.7 所示。

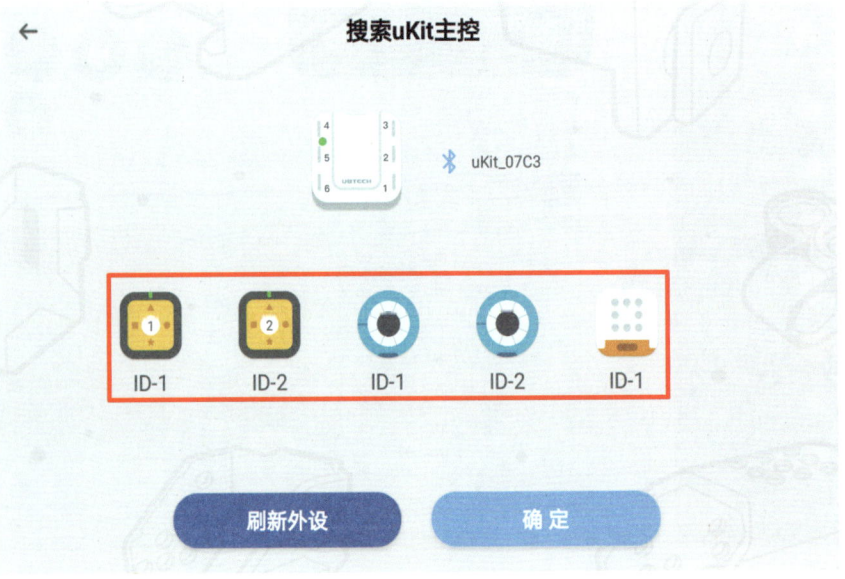

图 12.6　连接控制器

图 12.7　编程界面

2. 试一试

（1）任务一：一"令"一"动"。

提示：单击触碰传感器，"小蜗牛"向前走一步。

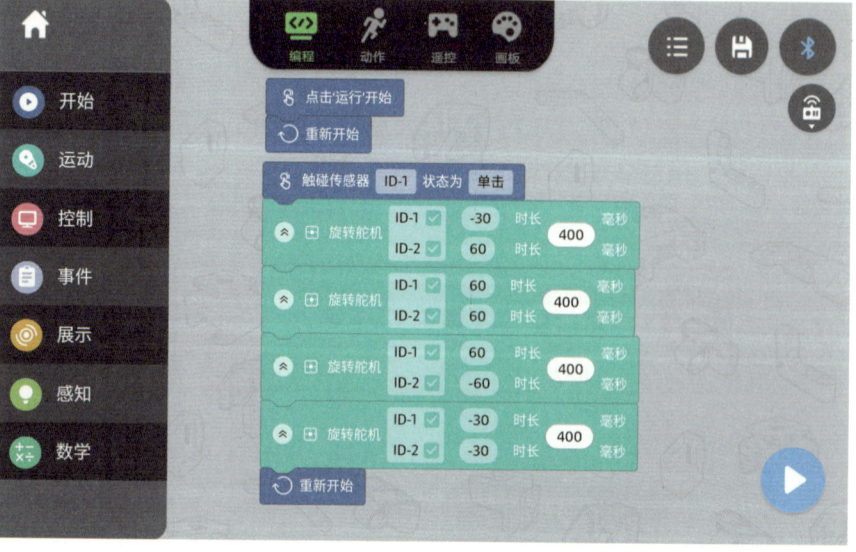

图 12.8　任务一参考程序

（2）任务二：眨眼前行。

提示：单击触碰传感器，"小蜗牛"眨眼 3 次的同时，向前"走"3 步。

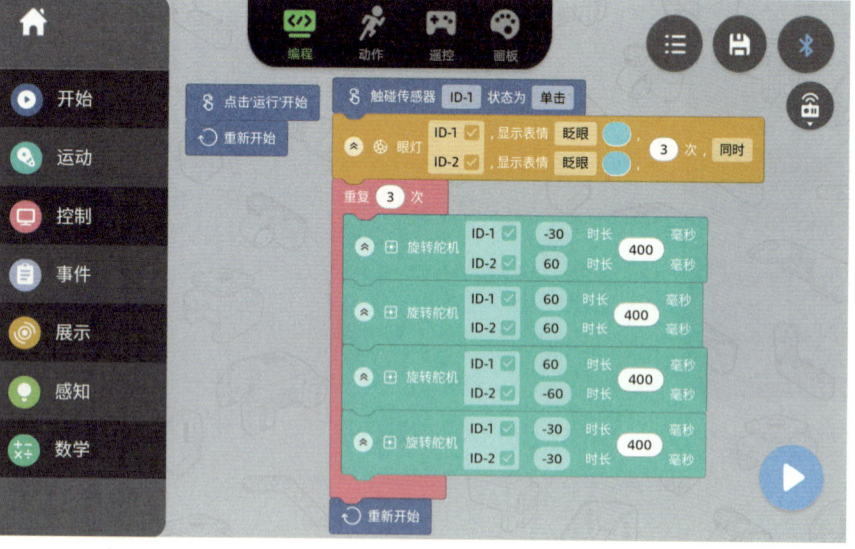

图 12.9　任务二参考程序

四、不同"视"界

（一）知识拓展

皮肤传感器

你听说过皮肤传感器吗？

皮肤传感器不仅能够帮助机器人获得温度、压力、震动等多种信息，而且能"察觉"到周围的物体。

皮肤传感器与我们皮肤表面的汗毛类似，它使机器人具备一种"无意识回避"的功能，可以回避碰到的障碍物。

（二）实践创新

蜗牛的头部是可以旋转的，请同学们改装一下蜗牛模型，在头部添加一个舵机，并将改装好的模型画出来。

主题十三 活动课——神奇的鱼

海洋的面积几乎占到地球表面积的71％,海洋生物种类的数量更是占到了地球上生物种类总量的80％左右。海洋里有品种丰富的鱼类,今天就让我们走进海底世界,一起探索神奇的鱼类吧!

一、认知扩展

> 数一数,你认识的鱼有多少种呢?

世界上,鱼的种类共约2万余种。在中国就有3 000多种鱼类,其中海水鱼类约有2 100余种,淡水鱼类约有1 010种左右。鱼是人类日常生活中极为重要的食品与观赏物,对人类而言,鱼是大自然的一份馈赠与礼物。

图13.1 各种鱼

二、知识链接

为了寻找食物,鱼会在水下四处游动,而鳍是鱼身体结构中很重要的一个部分。鱼鳍的作用是让鱼游动得更加快速,不仅有助于觅食,也有助于逃避敌人的捕食。常见鱼类的鱼鳍有胸鳍、腹鳍、臀鳍、背鳍、尾鳍,如图 13.2 所示。

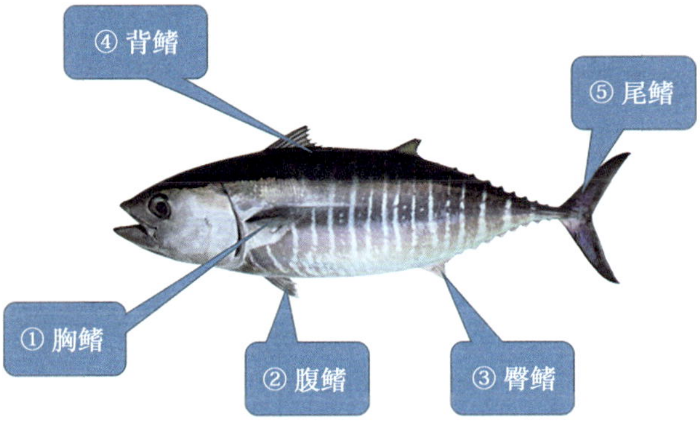

图 13.2　鱼鳍分类

胸鳍伸展开,可以让鱼停止前进;

腹鳍像胸鳍一样可以控制鱼身,停止前进;

臀鳍与背鳍的形态与功能大体相似,维持鱼身体平衡,防止倾斜摇摆;

尾鳍是最主要的推进器官,使鱼沉稳地向前移动。

三、创意设计

主题活动一:搭建鱼的模型。

提示:可以使用眼灯做眼睛,尾巴上加入舵机,做出活动的尾鳍。

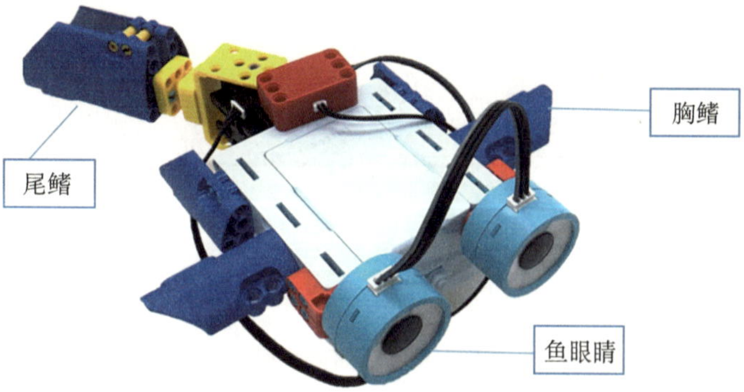

尾鳍

胸鳍

鱼眼睛

图 13.3　搭建参考图

主题活动二：让鱼"活"起来。

小朋友，你的鱼模型搭建完成了吗？通过编程让它"活"起来吧！

提示：通过执行器让"鱼"的眼睛露出开心的表情、尾巴摆动等。

蛇属于爬行动物，目前全球总共有 3 000 多种蛇。蛇的身体细长，没有四肢，没有可以活动的眼睑，没有耳孔，身体表面覆盖有鳞。当环境温度低于一定数值时，蛇就会进入冬眠状态。

一、奇妙世界

大多数蛇都是高度近视，但它们却能准确地判断猎物的位置，把这些猎物变成自己的"盘中餐"。它们是怎么做到的呢？

图 14.1　蛇

蛇之所以能"看到"猎物，是因为很多蛇有红外线感知能力，使它们能"看到"具有热量的哺乳动物。而人们只有戴上特殊眼镜才能探测到红外线。我们的 uKit 积木套件里就有

> 小朋友，你知道蛇是怎么"看到"猎物的吗？

一个零件可以发射和接收红外线，而且还可以根据红外线信号的强弱判断距离的远近，这个零件叫做"红外传感器"。

图 14.2　红外传感器

二、优学 U 乐

蛇模型有一个红外传感器，帮助其有效避开障碍物。

（一）红外传感器

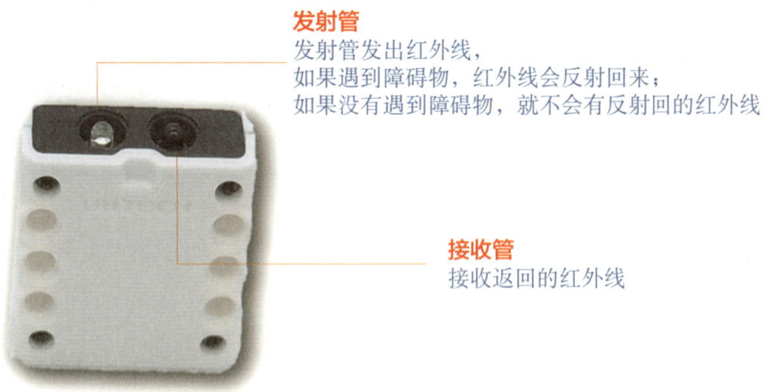

发射管
发射管发出红外线，
如果遇到障碍物，红外线会反射回来；
如果没有遇到障碍物，就不会有反射回的红外线

接收管
接收返回的红外线

图 14.3　红外传感器前方

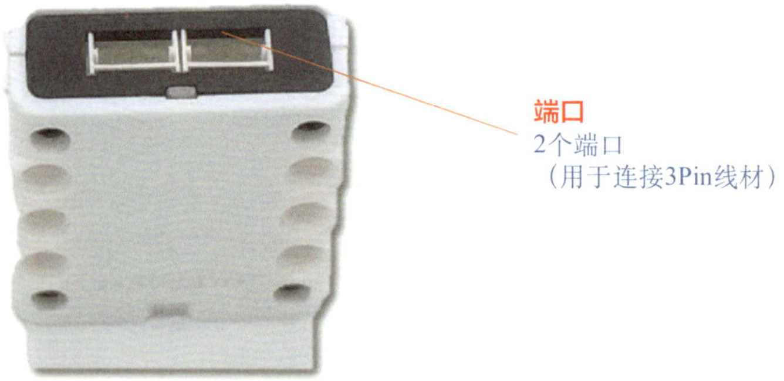

端口
2个端口
（用于连接3Pin线材）

图 14.4　红外传感器后方

（二）红外传感器的使用方法

红外传感器既可以直接连接控制器，也可以通过其他零件连接。

图 14.5　直接连接

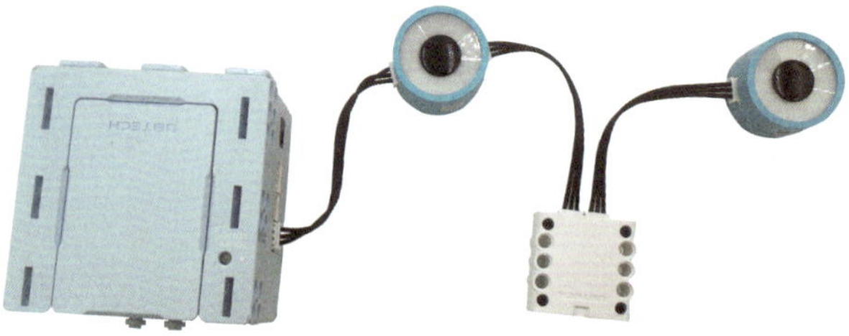

图 14.6　通过眼灯连接

三、造物工厂

蛇模型共有三大部分：头部、身体、尾巴，如图 14.7 所示。

图 14.7　结构分析图

（一）物料吧

材料清单

序号	材料名称	数量
1	控制器 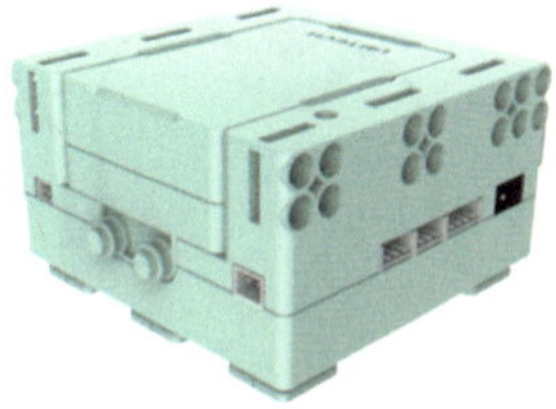	1
2	开关 	1

清单

序号	材料名称	数量
3	电机	3
4	眼灯	2
5	红外传感器	1
6	120 mm 3Pin 线材	5
7	80 mm 3Pin 线材	1
8	开关连接线	1
9	黄色长销	2

零件表

序号	材料名称	数量
10	红色轴	19
11	2×3双向直角梁	2
12	长插针	2
13	连接块(黄)	7
14	转向块(黄)	5
15	3×3带孔L形接块	3

序号	材料名称	数量
16	方形舵机夹	3
17	工形块(浅蓝)	2
18	2倍连接块(浅蓝)	4
19	5孔双向面板	3
20	扁平对称延伸块	1
21	凸起对称延伸块	4

（二）搭建吧

搭建步骤参看《搭建手册》。

1. 搭建头部

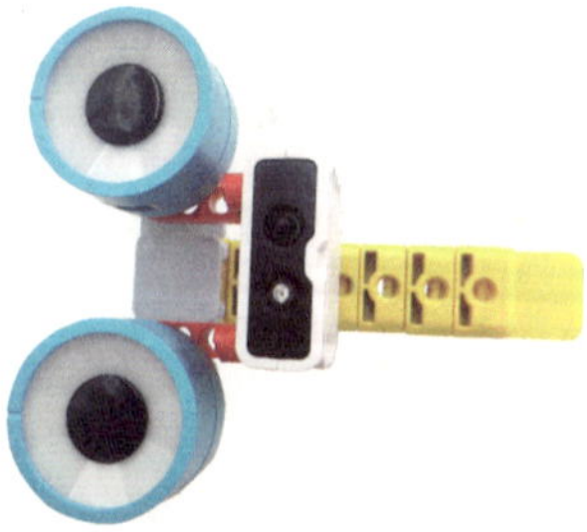

图 14.8　头部完成图

2. 搭建身体

图 14.9　身体完成图

3. 搭建尾巴

图 14.10　尾巴完成图

4. 整体拼接和连线

图 14.11　整体拼装图

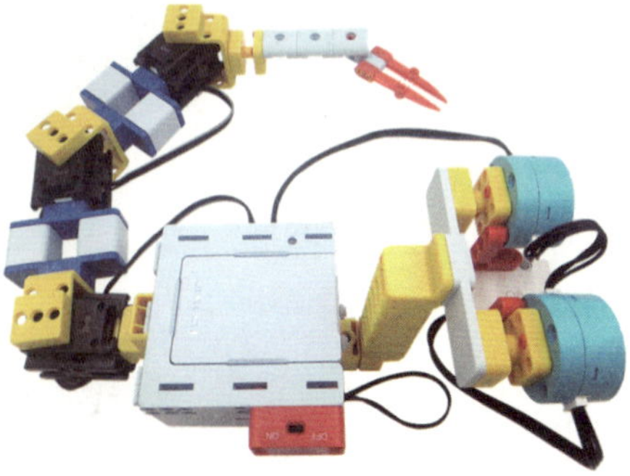

图 14.12　连线图

（三）编程吧

小朋友，蛇模型搭建完成了吗？通过编程让你的"小蛇"动起来吧！

1. 编程准备

平板电脑连接控制器，进入编程界面，如图 14.13、图 14.14 所示。

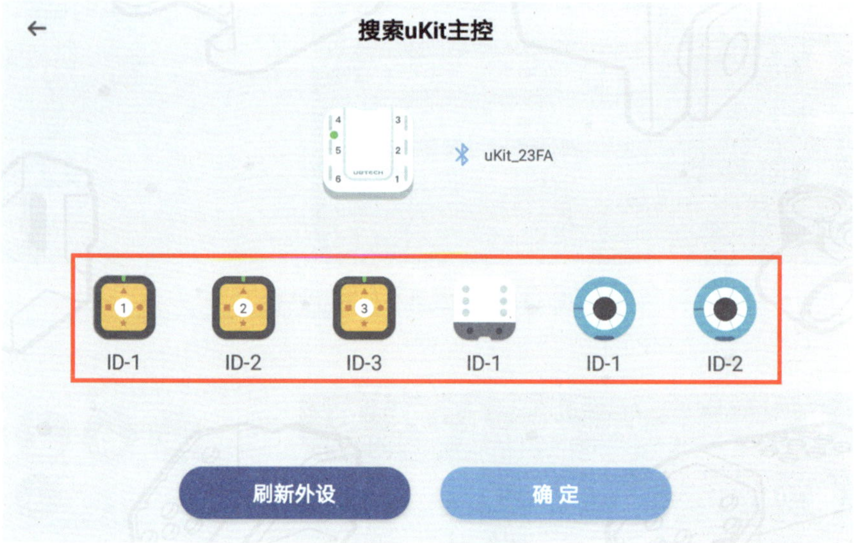

图 14.13　连接控制器

图 14.14　编程界面

2. 认识"红外事件"代码块和"如果执行"代码块

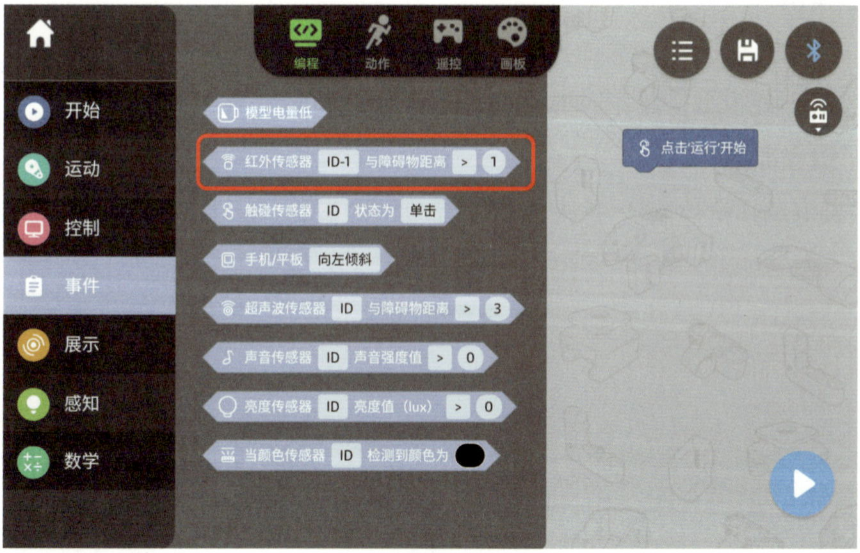

图 14.15　"红外事件"代码块

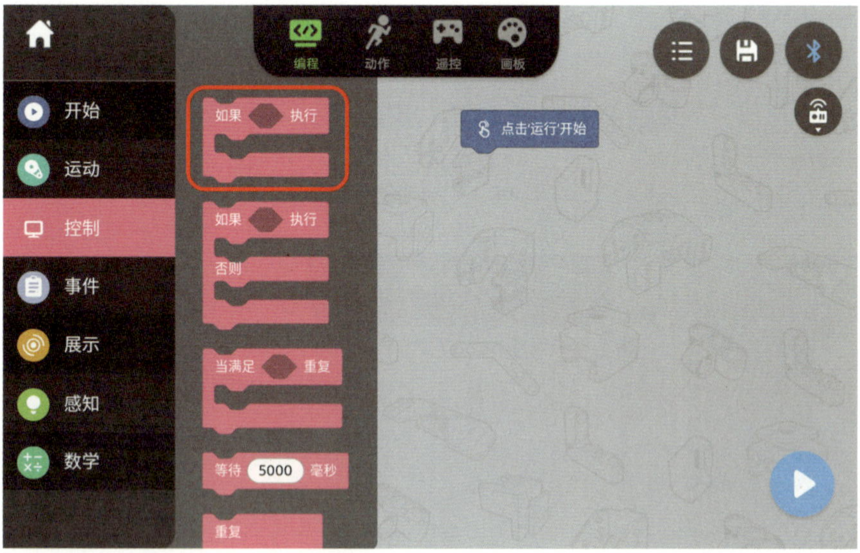

图 14.16　"如果执行"代码块

3. 试一试

（1）任务一：让"小蛇"扭动起来。

图 14.17　任务一参考程序

（2）任务二：会跳舞的"小蛇"。

提示：如果红外传感器与障碍物的距离大于 10 厘米，就让"小蛇"重复扭动身体。

图 14.18　任务二参考程序

（3）任务三：机智的"小蛇"。

提示：如果红外传感器与障碍物的距离大于 10 厘米，就让"小蛇"的身体重复扭动；如果红外传感器与障碍物的距离小于 10 厘米，就让"小蛇"显示"晕"的表情 3 次后停止程序。

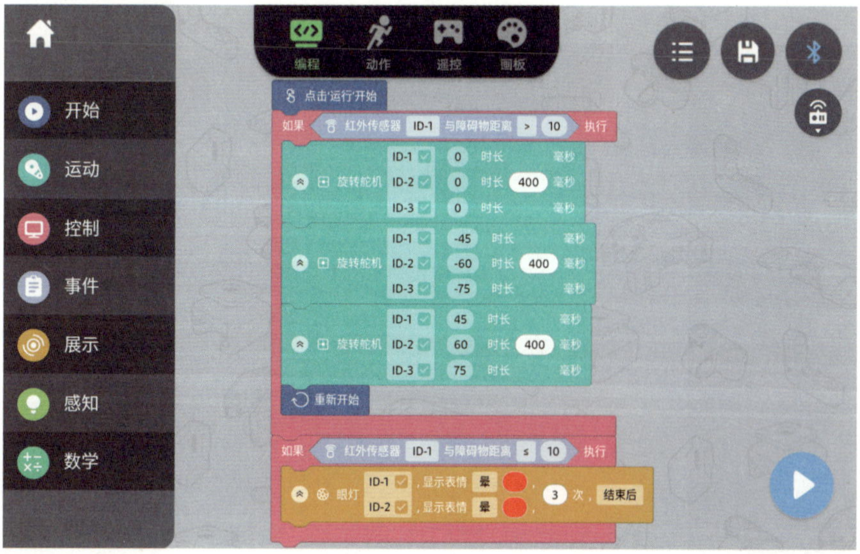

图 14.19 任务三参考程序

四、不同"视"界

（一）知识拓展

蛇形仿生机器人

蛇形仿生机器人，能模拟蛇的运动方式，能适应各种复杂而危险的地形，如沼泽、草地、废墟、森林等。鉴于蛇形仿生机器人的这种特点，人们可以利用它完成排爆、救援、数据收集等多项任务。

（二）实践创新

你觉得蛇形仿生机器人还可以帮助人们解决什么样的难题？想一想，把你的想法分享给身边的小伙伴吧！

主题十五

地球的霸主：恐龙（1）

距今大约 2 亿多年前，我们的地球上生活着一个庞大的家族，它们统治着海洋、陆地和天空，其他一切动物都无法和它们对抗，它们是名副其实的地球霸主，它们就是——恐龙。

一、奇妙世界

恐龙在地球上生活过一亿六千万年。

大多数恐龙都很高大，凶猛的霸王龙长约 11.5—14.7 米，是最著名的陆地肉食动物之一。阿根廷龙体长 30—40 米，是目前发现的体型较大的陆地恐龙。

你知道地球上存在过哪些恐龙吗？

图 15.1　霸王龙

图 15.2　阿根廷龙

二、优学 U 乐

阿根廷龙用四条腿走路,那么恐龙模型的四肢如何协调运动呢?这就要合理运用四个舵机了。

(一)四个舵机的连接

以恐龙模型头部为前,左前方使用 ID - 1 号舵机,左后方使用 ID - 2 号舵机,右前方使用 ID - 3 号舵机,右后方使用 ID - 4 号舵机。

搭建恐龙需要哪些材料呢?

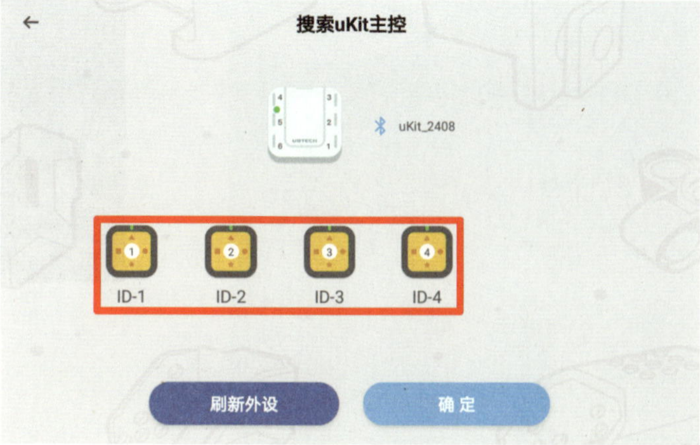

图 15.3　连接图

（二）硬件的连线方法

硬件连接的正确顺序是：控制器—ID-1号舵机—ID-2号舵机；控制器—ID-3号舵机—ID-4号舵机。

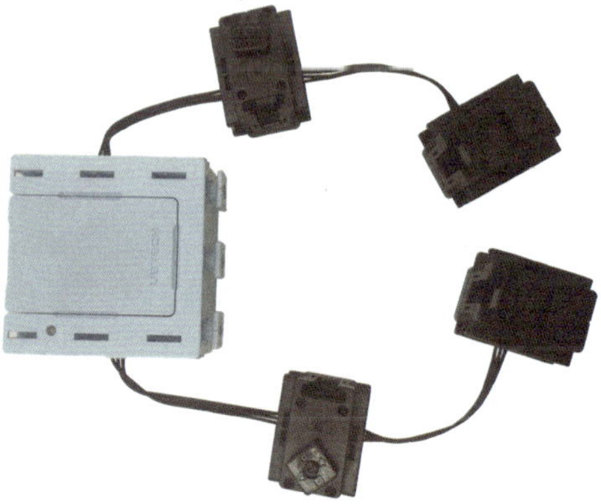

图 15.4　硬件连接控制器

三、造物工厂

恐龙模型由三大部分组成：头部、身体、尾巴，如图 15.5 所示。

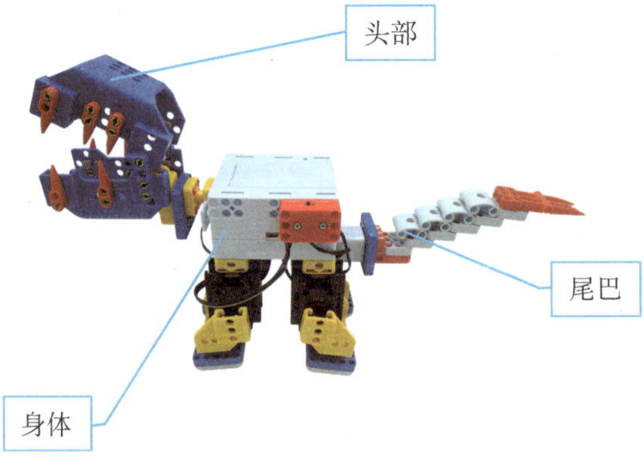

图 15.5　结构分析图

（一）物料吧

材料清单

序号	材料名称	数量
1	控制器 	1
2	开关 	1
3	舵机 	4
4	双头舵机夹 	2
5	120 mm 3Pin 线材 	2

序号	材料名称	数量
6	160 mm 3Pin 线材	2
7	开关连接线	1
8	红色销	34
9	转向块(黄)	3
10	连接块(黄)	4
11	2×3 双向直角梁	3

序号	材料名称	数量
12	3×3带孔连接块	1
13	5×5带孔连接块	6
14	3×3垫片	6
15	5孔双向面板	4
16	5×5橡胶垫片	4
17	绿色短销	22

序号	材料名称	数量
18	45°舵机夹（左）	2
19	45°舵机夹（右）	2
20	2倍连接块（浅蓝）	1
21	2×4直角梁	2
22	短指针	10
23	长指针	3

（二）搭建吧

搭建步骤参看《搭建手册》。

1. 搭建头部

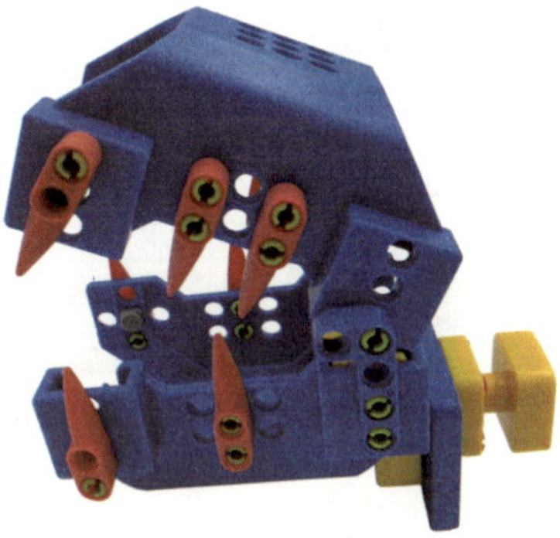

图 15.6　头部

2. 搭建身体

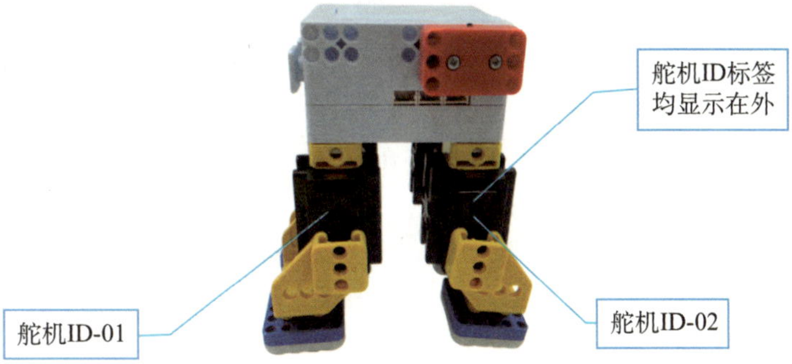

舵机ID标签均显示在外

舵机ID-01

舵机ID-02

图 15.7　身体

3. 搭建尾巴

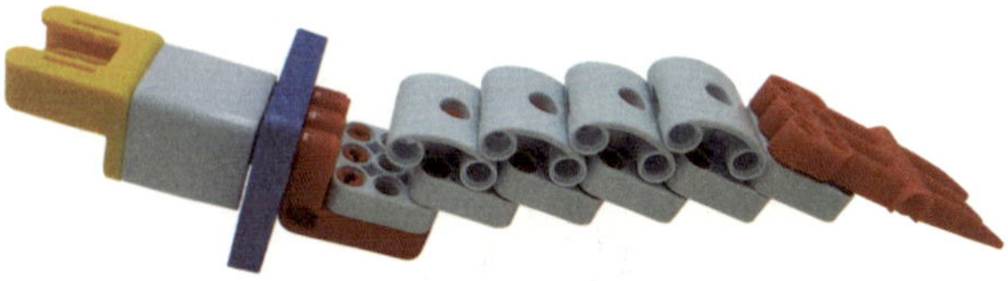

图 15.8　尾巴

4. 整体拼装和连线

图 15.9　整体拼装图

图 15.10　连线图

（三）编程吧

1. 编程准备

将平板电脑连接控制器，进入编程界面，如图 15.11、图 15.12 所示。

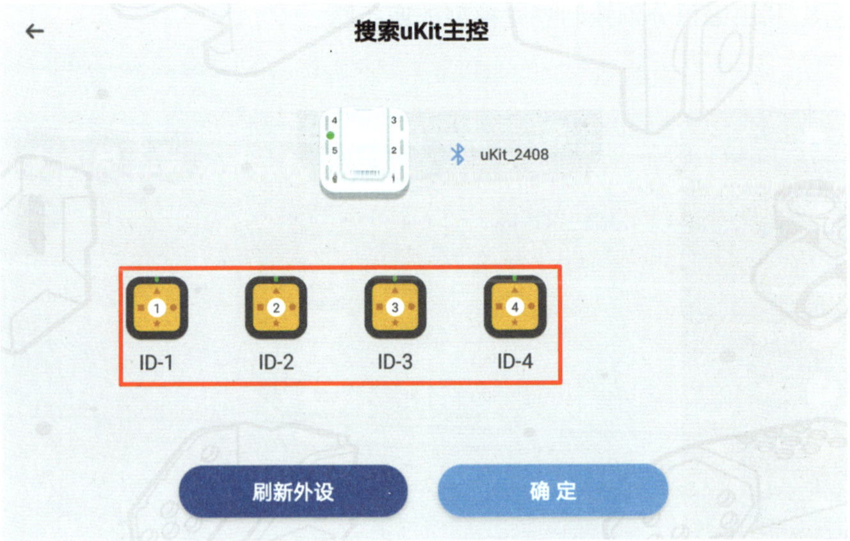

图 15.11　连接控制器

图 15.12　编程界面

2. 试一试

（1）任务一：让"小恐龙"动起来。

提示：利用编程分别控制恐龙模型的四条腿。

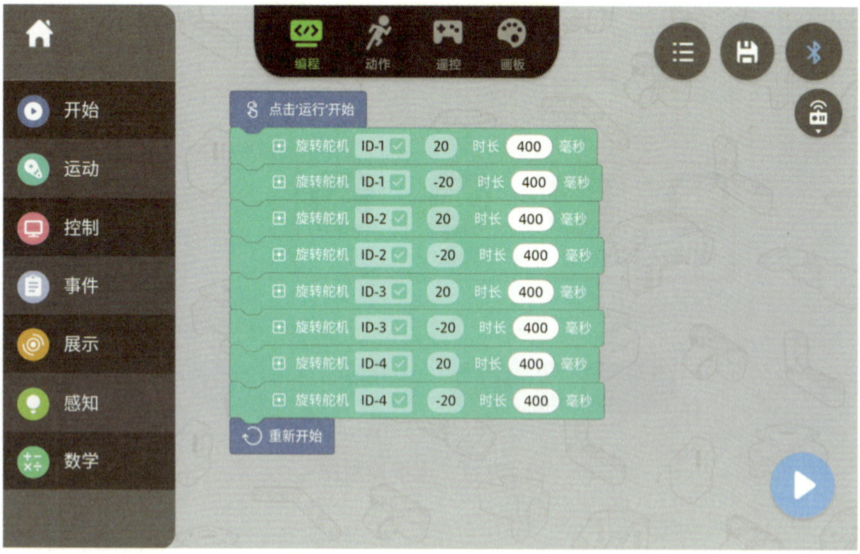

图 15.13　任务一参考程序

（2）任务二：行走的"恐龙"。

提示：利用编程让"恐龙"重复缓步向前走。

图 15.14　任务二参考程序

四、不同"视"界

（一）知识拓展

恐 龙 的 灭 绝

　　恐龙灭绝，是指约 6 500 万年前的白垩纪所发生的中生代末白垩纪生物大灭绝事件。关于恐龙灭绝的原因，至今仍是个未揭开的谜底。有的说是因为行星撞击地球，还撞破了地壳，致使地球内部岩浆汹涌喷出和火山喷发，整个地球被浓浓的火山灰和毒气所覆盖，植物无法进行光合作用，从而导致恐龙灭绝。也有的说是因为气候变迁,物种斗争。

（二）实践创新

动物的形态各异,行走方式也千差万别。试着想一想:动物们都有哪些走路方式?你能说出来几种呢?和大家分享一下吧!

小朋友，你还记得怎么搭建"恐龙"吗？

你知道恐龙的视力如何吗？

一、奇妙世界

科学家的研究表明，不同类型的恐龙，视力是不一样的。比如学者们普遍认为鸭嘴龙的视力非常好，而剑龙和甲龙的视力则稍差一些。

二、优学U乐

红外传感器

我们的恐龙模型是怎么"看见"障碍物的呢？

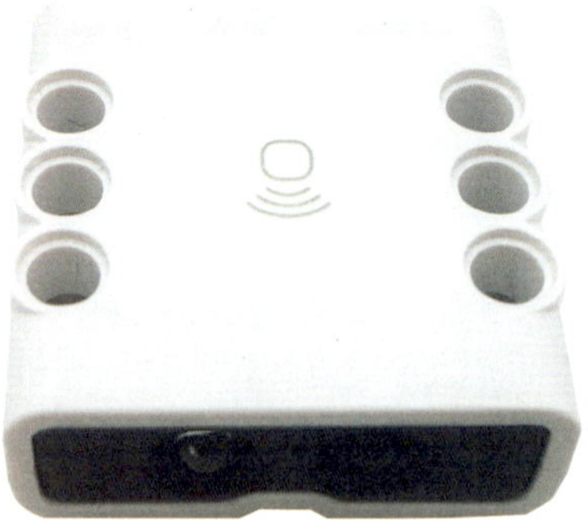

图 16.1　红外传感器

红外传感器的作用相当于动物的眼睛。它可以让恐龙模型"看见"障碍物。

红外传感器的软件连接成功，如图 16.2 所示。

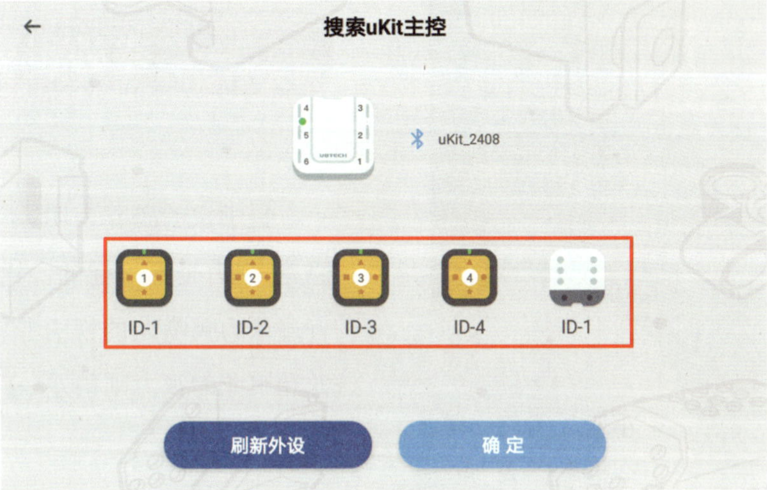

图 16.2　连接控制器

红外传感器硬件部分连接，如下图 16.3 所示。

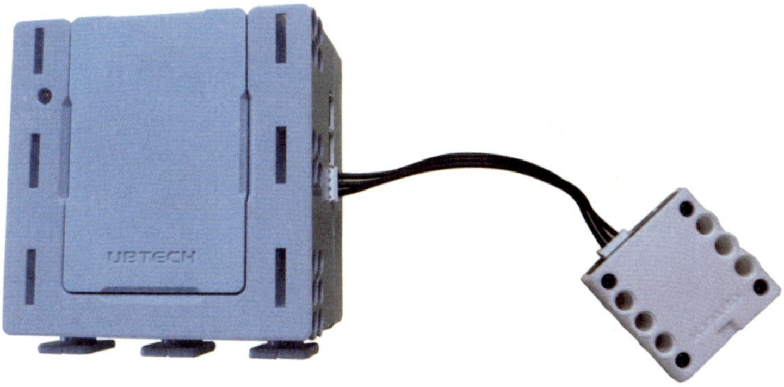

图 16.3　硬件连接控制器

三、造物工厂

一起来改造恐龙模型，让它能"看见"障碍物！搭建成果图如图 16.4 所示。

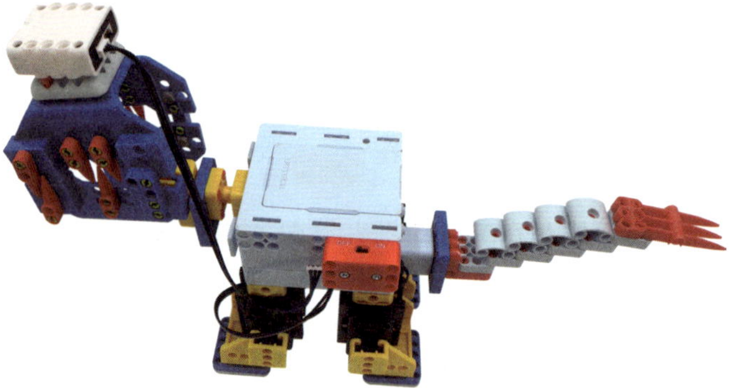

图 16.4　搭建成果图

（一）物料吧

材料清单

序号	材料名称	数量
1	红外传感器  	1
2	红色销  	4
3	160 mm 3Pin 线材  	1
4	恐龙模型 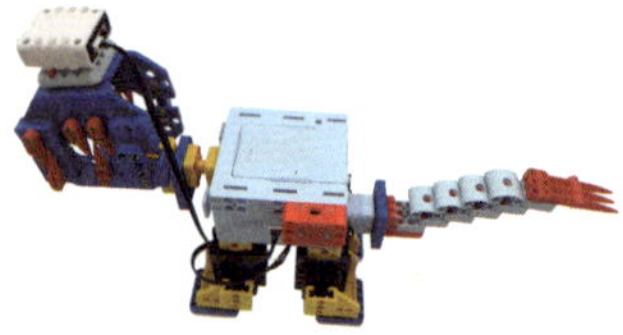 	1
5	5×5 橡胶垫片  	1

（二）搭建吧

第一步：材料准备，如图 16.5 所示。

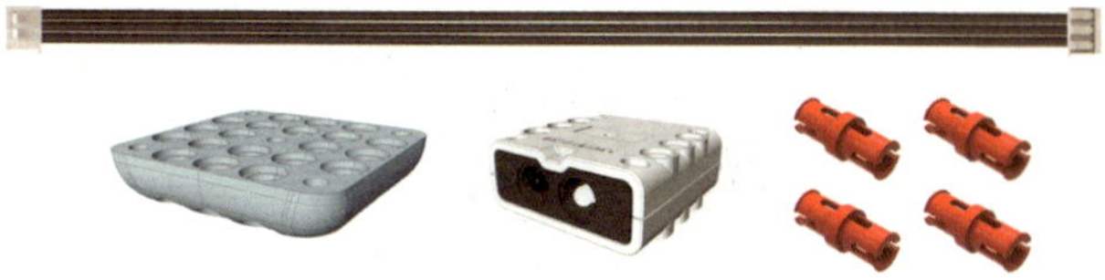

图 16.5　材料准备

第二步：将红色销插入传感器和橡胶垫片，如图 16.6 所示。

图 16.6　红色销插入

第三步：将 3Pin 线材连接到红外传感器，如图 16.7 所示。

图 16.7　3Pin 线材连接到红外传感器

第四步：搭建完成，如图 16.8 所示。

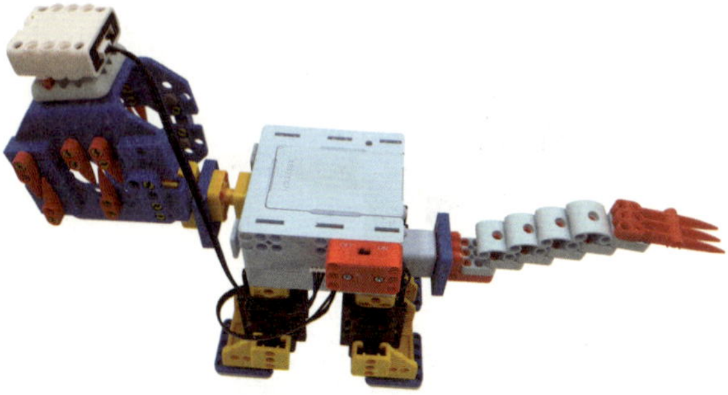

图 16.8　完成图

（三）编程吧

小朋友，你的"恐龙"升级完成了吗？让它来做任务吧！

1. 编程准备

平板电脑连接控制器，进入编程界面，如图 16.9、图 16.10 所示。

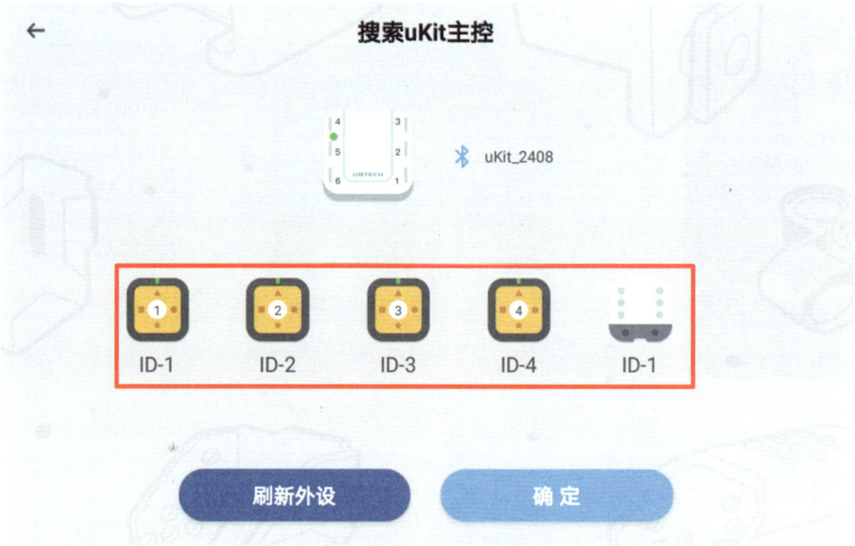

图 16.9　连接控制器

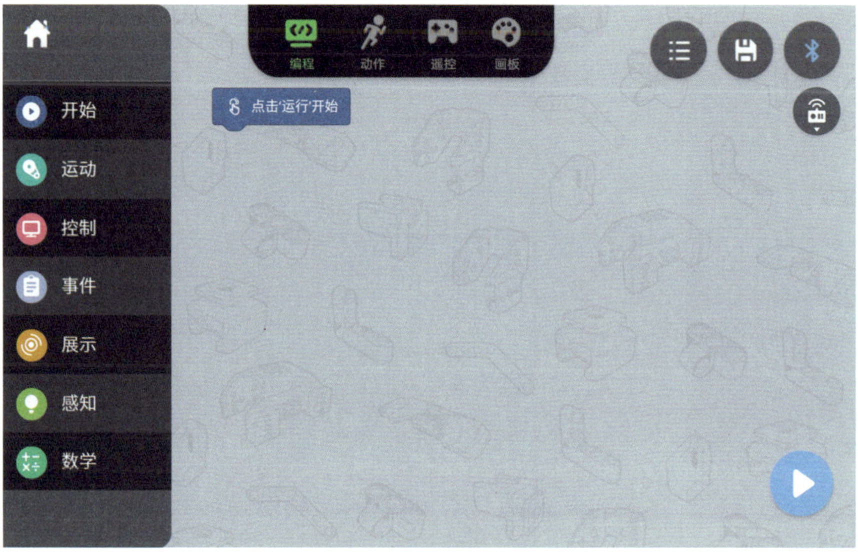

图 16.10　编程界面

2. 试一试

（1）任务一：安全前进。

提示：当红外传感器的距离测量值大于 10 厘米，"恐龙"一直往前走。

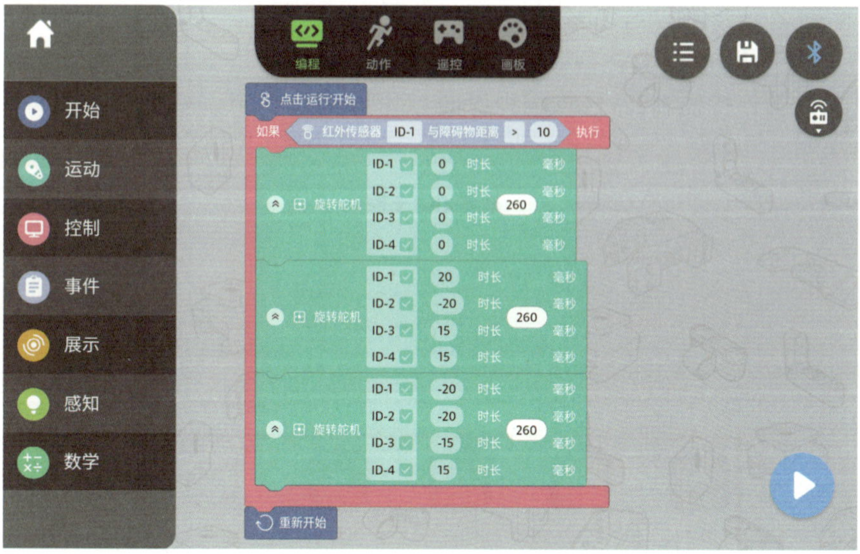

图 16.11　任务一参考程序

（2）任务二：危险后退。

提示：当红外传感器的距离测量值小于等于 10 厘米，"恐龙"一直往后退。

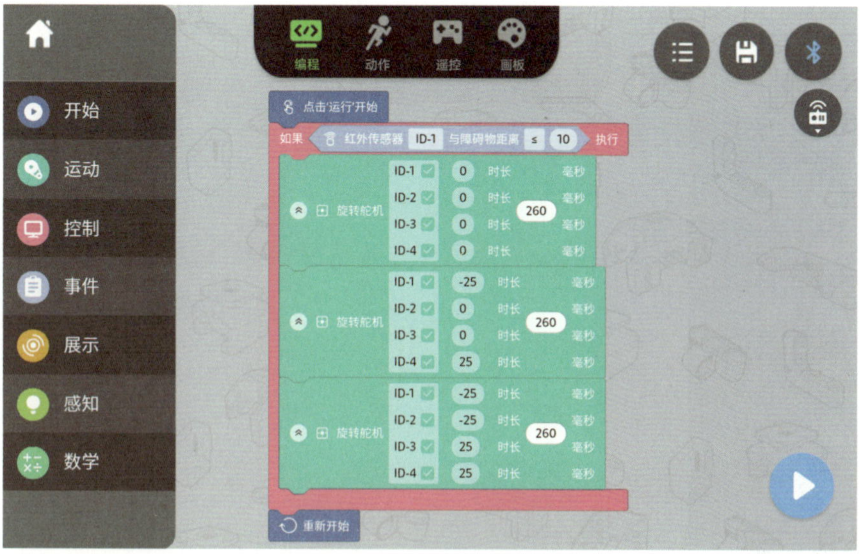

图 16.12　任务二参考程序

四、不同"视"界

（一）知识拓展

四足机器人

在自然界中，许多陆生动物为四足动物，它们可以在各种复杂的地形畅通无阻，这充分表明了四足移动方式的优势。四足机器人就是以四足动物为仿生对象，模仿它们的行走方式。随着四足机器人的不断发展，它有望成为我们人类的得力助手，应用于安防、搜救等方面。

图16.13　四足机器人

（二）实践创新

你最喜欢哪一种恐龙？用彩笔画在下面的方框里吧！

主题十七 好朋友的家

"清清的小河是鱼儿的家,茂密的树林是小鸟的家,肥沃的泥土是蚯蚓的家,美丽的花园是蝴蝶的家。"每一个小动物都是我们的好朋友,保护环境,就是在保护我们共同的家园。

一、奇妙世界

不同的动物生活环境不同,它们的"家"也各有特色。你能帮助这些小动物找到自己的"家"吗?

图 17.1 找一找

二、优学 U 乐

（一）"家"的本领

在自然界中，很多动物都有筑巢的习惯。草地下挖掘的洞穴、树枝上搭建的小窝就是它们的"家"，在"家"里，动物们可以睡觉、繁殖，还能躲避天敌。

（二）四种不同的"家"

这里分别是四种小动物——猫、鱼、小鸟、蜜蜂的家。我们一起来看看吧！

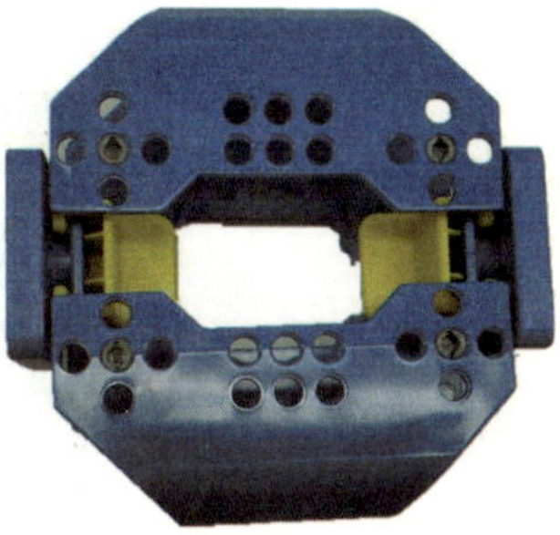

图 17.2　猫的"家"参考图

图 17.3　鱼的"家"参考图

图 17.4　小鸟的"家"参考图

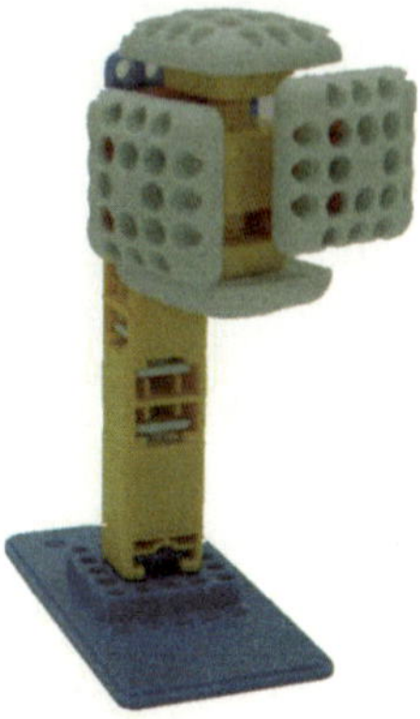

图 17.5　蜜蜂的"家"参考图

三、造物工厂

请挑选其中的一种零件方案来设计搭建对应的小动物的"家"。

（一）物料吧

图 17.6　uKit 积木套件

（二）搭建吧

可以根据以下材料，参考搭建。

方案 1：

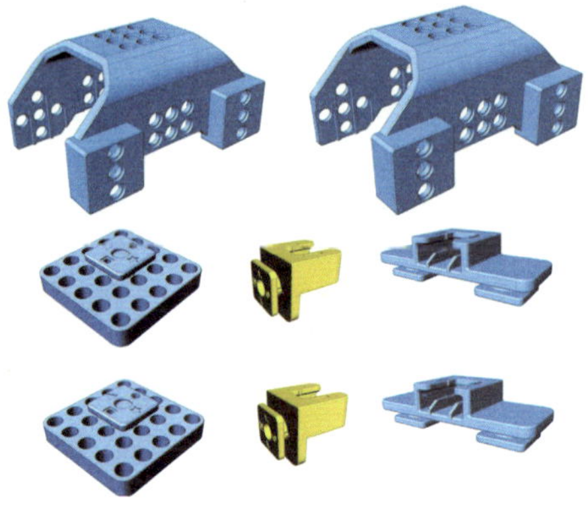

图 17.7　猫的"家"零件

方案 4:

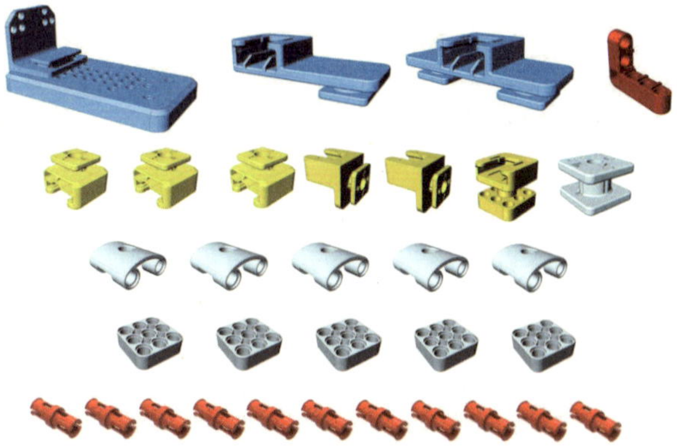

图 17.10　裹挟的"宗"零件

方案 3:

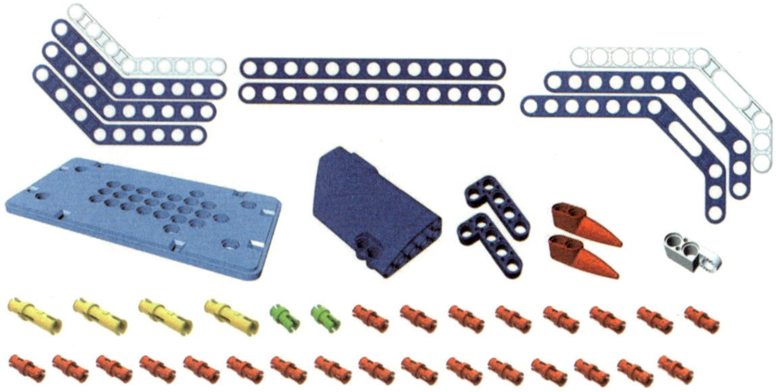

图 17.9　少有的"宗"零件

方案 2:

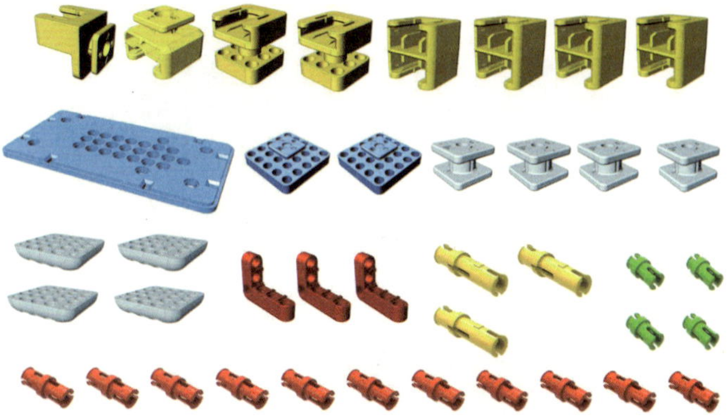

图 17.8　每的"宗"零件

四、不同"视"界

（一）知识拓展

智 慧 家 居

随着社会的不断发展,我们人类的居住环境也发生了很大的变化。人类的房子有木屋、茅草屋、土楼、砖瓦房、宫殿……现如今,我们人类的家不仅更舒适,也变得越来越"聪明"了。

你是否感受过伸手就会自动出水的水龙头,拍手就会亮起的灯,靠近一定距离就会自动"打招呼"的门铃,识别人脸或指纹后就可以自动打开的门,自动打扫卫生的扫地机器人……是的,以上都是"智慧家居"的小小缩影。在人工智能的助力下,越来越多的家居实现了智能化,让我们的家变得越来越"聪明",也为我们提供了更高效和更舒适的生活体验。

图 17.11 扫地机器人

图 17.12 红外感应水龙头

（二）实践创新

我们学习过的传感器和执行器,可以让身边的哪些物品变得更"聪明"？想一想,试着做一做吧!

主题十八

活动课——动物的来信

小朋友们，我们的信箱里有几封特殊的来信，这些信是小动物写给我们人类的，它们在信里面写了哪些内容呢？我们一起来看一看吧！

一、认知扩展

> 为什么要给人类写信呢？

致人类朋友
——动物

图 18.1　动物的来信

我们曾经是地球上的霸主，只是现在我们消亡了！
——恐龙

图 18.2　恐龙的来信

我生活在北极，我最近好热啊，有时还很饿。
——北极熊

图 18.3　北极熊的来信

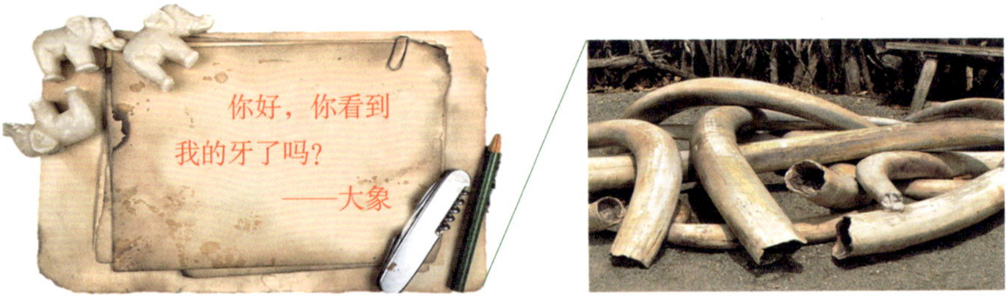

你好，你看到我的牙了吗？
——大象

图 18.4　大象的来信

我是狐狸，不是人类的衣服！
——狐狸

图 18.5　狐狸的来信

我再也无法回到海洋里了，我想我的家人。
——海龟

图 18.6　海龟的来信

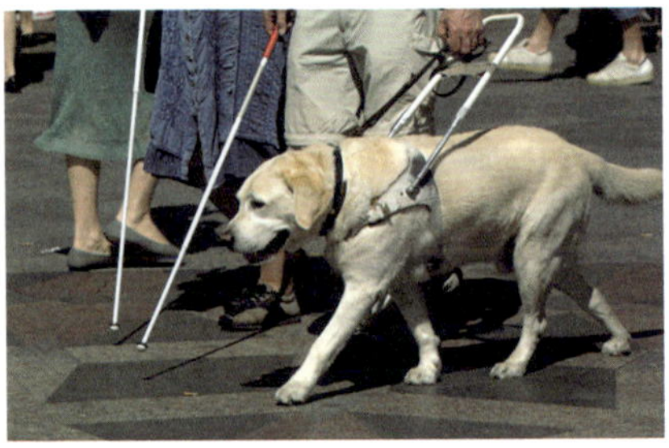

我很骄傲，我可以帮助人们过马路，可以体会人们的心情。这些让我体会出生活的意义。
——导盲犬

图 18.7　导盲犬的来信

二、知识链接

保护动物就是保护人类自己

随着经济的发展和人口的增加,环境恶化,很多动物已经灭绝。保护动物能防止破坏生态平衡,动物与人类息息相关,保护动物就是保护人类自己。每年的 10 月 4 日,被定为"世界动物日"。越来越多的人意识到保护动物、保护环境的重要性。

图 18.8 地球家园

三、创意设计

活动主题:保护动物,从我做起。

小组合作,从以下方案中任选其中的一个来完成活动。

方案 1：围绕主题，结合 uKit 积木套件，自行搭建和编程。

方案 2：设计宣传海报。

方案 3：给动物写一封回信。

方案 4：结合生活，说一说保护动物的方法。

成果展示

所选方案：_____

组内成员：_____

我们组的成果：

后　记

在人工智能时代,开展全面的智能教育势在必行,《新一代人工智能发展规划》作为新引擎,给教育带来了机遇和挑战。优必选主动求变应变,将人工智能的新思维、新技术、新方法与教育进行融合,以直面解决现实问题、培养适应 AI 时代的"智造者"作为人工智能教育的起点,以"AI 赋能教育,圆中国智造梦"为理念,兼顾教师、学生、教学管理者等不同群体的需求,构建从小学到初中到高中的贯通式的课程体系,引导学生对人工智能的内涵和外延从具体感知、认知到应用,让学生能够对"人工智能"形成系统知识框架,播下"人工智能的知识""技术应用的能力""终身学习的素养"的种子,让学生能形成发现问题、探究问题、解决问题的创新思维,进而对科技创新本身产生喜爱之心。

2018 年 3 月始,优必选、华东师范大学以及国内优质的教育行业伙伴共同深入合作,在一线教师、人工智能行业技术专家、教育技术专家等多方助力之下,课程编写团队编写人工智能精品课程系列丛书,共计 11 册。

在专家团队的指导下,优必选的课程编写团队与上海市重点中小学的多位教师紧密交流,多次开展研讨、评审、培训活动,一同研讨课程大纲、知识图谱、图书体例等多个细节,在所有人的共同努力下,书稿终于付梓。

在此,特向以下为丛书的编写工作提供宝贵意见、建议的工作组成员表示最诚挚的敬意:

上海市嘉定区青少年科创集散地课程管理团队:朱芳、路光远、罗松、高校亚、王冰清、樊钊、陈卫伟、赵卫忠。

参与课程编写的工作人员:崔宁、王轶丹、程修高、周琳菊、李剑、周佳、贺光宇、胡作、朱茜茜、毛郅峰、刘春丽、董晨、宋斌、徐雨婷、王俊、朱馨香、刘智勇、薛维、代嘉音、徐韵达、柏玲霞、朱晓彤、杨洁、廉耿。

路漫漫其修远兮,在推动人工智能教育普及的道路上,得到这么多同路人的帮助与支持,倍感温暖和激励,让我们再接再厉,用自己力所能及的所有为中国的教育事业贡献应有之力。